工作的本质

初入职场的你
应该懂得的工作基本规则

[日]江口克彦 著

叶瑜 译

上海文化出版社

序

　　工作也好，人生也罢，都有一些需要把握的要点，或者说基础中的基础。

　　举写邮件这一简单的例子。进入企业后，写邮件是沟通的主要方式之一。这时，随兴所至、任意发挥必然不妥当。写邮件一般以敬语开头，以"此致敬礼"结尾。在敬语之后，紧接着的是时节问候，然后才开始写正文。在工作中写感谢信之类的邮件时，"致以诚挚的敬意""此致敬礼"等用词正是书写正式书信的要点，即写邮件这件事"基础中的基础"。如果能够准确把握这些用词，所写的邮件就能给人以庄重与正式的感觉，令人心生好感；如果不使用这些词，就可能会被视为太随便、太私人或是不懂写邮件的规矩。

　　接受工作命令时，同样需要把握类似的要点。当上司吩咐"这件事很急，马上去做"时，您却因为他经常叮咛工作

1

要做得细心周到而花上许多时间仔细琢磨，以求面面俱到，这时上司一定会不耐烦地想："还没做好吗？""工作效率太低！"在这个场景中，即便只有笔迹潦草的手写记录也没关系，即刻响应才是关键。这种时候，领会上司"很急，马上要"的紧迫感并立刻反应，灵活做事，这才叫把握要点，也就是符合工作的基本规则。

外出洽谈业务时，应该事先收集对方的相关信息，洽谈之外的内容也要提前储存在脑子里。虽说是业务会谈，但必定不可能只谈业务，会谈前，双方一般会闲聊几句。这时，假如这家企业最近进行了经营整顿，面貌焕然一新，业绩急速回升而走上了发展轨道，您却冒失地对社长说"您太艰难了"，从那一刹那起，你们之间的会谈基础便不复存在。这时应当说："哎呀，最近贵公司发展得真快啊。不愧是社长，经营实力了不起！我要向您好好学习。"了解信息，抢占先机，这就是商务会谈的要点，倘若对此有所疏忽，本应一帆风顺的事也会节外生枝。不懂得工作的基本规则，往往会导致严重的后果。

我想，各位明白**把握工作关键**、**做好基础工作**的重要性了吧。

同样，人与人之间，越是无话不谈的亲朋好友，才越要做好朋友的本分，不该说的话绝对不说——那就是不能否定好友的人格，践踏别人的感情。总之，万事都有"要点"和"基础中的基础"，我们必须深刻理解这一点。如果您拼命努力工作，却得不到想要的结果和良好的评价，这实在令人遗憾和惋惜。那么，为了您的勤奋、努力不白费，汗水不白流，为了得到应有的回报，您需要在工作中重视、注意什么？

我曾在人称"经营之神"的松下幸之助先生（松下电器产业株式会社，现 Panasonic 公司的创始人）身边服务 23年，又曾担任 PHP 综合研究所的负责人，也曾任一届参议院议员，为期 6 年。我对自己多年工作经验的种种感悟和思索反复推敲，精挑细选，筛出了 22 条重要原则收录于本书，与诸位读者分享。它们就是我过去亲自实践并印证有效的把握工作关键的方法。

接下来让我们进入主题！

江口克彦

2018 年 3 月于枚方东香里

目录

一、
从"后台"登上"舞台"

● **工作一开始时不顺心是理所当然的**

　　刚找到工作时，大概人人的想法都是"太好了!""我要加油干!""在公司大展拳脚的时候到了!"或许其中有些人会想:"我要大干一场，让企业有更好的发展。"甚至有人野心勃勃地想:"将来我要当上这家公司的总经理。"这些想法都不错，我也希望年轻人能努力上进。初进公司不满一年的新人，应当拥有这样的冲劲与热情。总之，你迈进了一个全新的世界。虽说强烈的程度有高有低，但所有职场新人的共通之处便是这份期待与冲劲。

　　你兴冲冲地加入公司，不久却发现现实不如想象，也不可能如你想象。你面对的状况和在校期间大相径庭。你过去得心应手、通行无阻的做法不但得不到好评，还会不时被资深同事或上司严肃警告。不久，你开始觉得自己与这家企业格格不入。在工作岗位上，你尝到疏离和孤立的滋味，心中的热情也逐渐淡薄、消散。这时，有人开始苦恼：怎么在职场中与人相处？怎么与上司和资深员工打交道？怎么才能搞好人际关系？有人甚至萌生了干脆辞职或跳槽的念头。现实中，也的确有人会辞职。

但请仔细地想一想，你有这些苦恼是理所当然的。应届毕业生或企业每年招入的新人以前一直过着"后台"生活。"后台"生活是什么样的呢？比如，即便不能按时兑现甚至忘记承诺，也总会被原谅。再比如，向朋友借的钱即便少还一些，最多被朋友抱怨一句"拿你没办法"，随后便不了了之。当然，后台之中也有长幼尊卑之分，但总的来说，后台还是个外围的世界。

所谓后台，是指演讲厅或剧场中演讲者或表演者候场的地方。从"后台"一词可知，它原指舞台后方保管乐器的地方，或指舞台上被幕布隔开供奏乐者演奏的地方。后来，这个地方逐渐演变成表演者更衣、化妆或候场之处，也就是如今的等候室。至今，相声演员在登台前，仍会在一间大等候室中候场，等着轮流上台表演。几名相声演员在等候室中碰面，自然地闲聊几句，他们的随行人员也会相互聊上一会儿。此时他们聊的大多是上不得舞台的八卦。尽管后台也有师兄师弟之分，但不太讲究规矩礼节，所以大家聊得很随意。后台，就是这种供同伴之间谈天说地的地方。

● 就业，就是进入职业世界

不仅相声界，所有后台或等候室虽然都有一定的规矩，但仍然是个轻松自在的地方。后台就是供同伴或亲近之人相处的"外围的世界"和"轻松的世界"。然而，一旦你踏入社会，开始工作，你就正式登上舞台，进入"严谨的世界"或"精确的世界"。也就是说，你开始进入"秩序的世界"。

换句话说，**你从不事生产、靠别人的钱生活的"业余世界"走进了靠劳动换取报酬的"职业世界"。**

你过了十几二十年的后台生活，难免一时转不过弯来。但是，如果你将后台的判断标准或思维方式带上舞台，将出现什么情况？昨天，你还是一个喜爱闲聊、无忧无虑的后台人员，今天却突然登上舞台，不得不信守承诺，绝不能迟到一秒或犯错误。你还必须演好自己的戏份，否则就无立足之地。后台与舞台的思维方式截然不同，感到迷茫是人之常情。

● 拥有不同于过往的严谨思维

因此，当你产生"为什么我的想法行不通？""为什么我那么努力，却总是和周围的人合不来?"的烦恼时，不必耿耿于怀。事实上，这些烦恼或困惑恰恰说明你是个正常人。正因为烦恼的滋扰，你才开始主动去理解舞台与后台的区别。比如:"啊——，原来舞台有这些规矩，我必须严格遵守"，"在后台我可以自由自在，无忧无虑，随心所欲地过日子。但在舞台上，哪怕是一个无足轻重、毫无存在感的小角色，我也必须一丝不苟地演好"，"关键是一点一点积累小小的技能"。换句话说，只要努力去了解"外围的世界"与"秩序的世界"之间的差异，那么你遇到的问题即使会引发严肃的思考，也不会演变成严重事态，你便不会因此而感到压力重重或闷闷不乐。

很久之前，因为睡懒觉，一名新员工在入社仪式上迟到，立刻被人事主管勒令"不用再来上班"，小小的迟到变成了致命伤。许多公司都给新员工规定了三个月试用期。在试用期期间，企业拥有更大的权力空间，解雇员工也比平时更简单。当然，试用期期间的解雇同样需要根据试用的主要目的，提出客观合理的理由，还需要符合世俗情理。那么，这名新员工因为入社仪式迟到而被直接解雇是否合理呢?

最后的结论我们已无从知晓。但是，在企业看来，新员工入社仪式这样重要的场合迟到，而且还是因为睡懒觉，是不可饶恕的行为。我能理解企业的想法：就凭这种吊儿郎当的态度，这样的员工即便进了公司也不会认真工作，注重诚信。你对此有何看法，我不得而知，但我希望你明白，企业或"社会舞台"的确具有如此严厉无情的一面。

我有一位在银行工作的朋友，加入银行后做了几年业务人员。他的工作是每天登门拜访客户，劝说客户把活期存款转为定期，或推销新的业务。他每天勤勤恳恳，兢兢业业。但有一天，他开着银行的车跑业务，在路上看见放学回家的儿子，就让儿子搭顺风车回家。这件事不知怎么被他的上司知道了，不但严厉批评了他，还扣发每月薪水5%。这样的处罚虽说确实严厉了些，但在"钱"为主营业务的银行中，类似假公济私的行为是绝对不被允许的。

有人会将公司里的办公用品拿回家，比如复印用的纸张、圆珠笔或橡皮擦等。将企业财产据为己有，严格地说是可以按盗窃罪论处的。因为这些办公用品是企业采购的东西，目的是用于办公，而不是私人使用。这一点，同样与动不动就随意使用他人化妆品或道具的"后台"迥然不同。

● **分清"职业"的界线**

总而言之，步入社会，走上工作岗位，就意味着你已经从后台走上舞台。刻意分清界线至关重要。

以前，有一位炙手可热的偶像明星说："要说最难受的事，就是不管我在后台怎么发高烧，甚至烧得卧床不起、无法行动，只要一踏上舞台，就不得不努力地挤出笑容。尽管有时一点儿心情都没有，也根本笑不出来，但一旦站上舞台，就绝对不能让别人看出来。"这位艺人虽然年纪轻轻，却能清楚地意识到后台与舞台的差别，分清界线，令人十分佩服。

当然，我并不是提倡大家即使发高烧，或夜以继日地工作直到疲惫不堪，也要不顾一切地上班。遇到这种情况，你当然应该向上司请假，申请充足的休息时间。不过，因为那位女明星是个大受欢迎的艺人，所以她不得不带病坚持工作，这种敬业精神是可贵的。

只要你步入社会，冲出了职业的起跑线；只要你今后的目标是成为职场达人，在公司里攀登一个又一个职业阶梯，那么，**你首先必须清楚地意识到自己已经从后台站上了舞台。**倘若一直抱着后台人员的心态，便无法胜任舞台的角色。转换角色，改变意识，这一点至关重要，因为你如今已经走向台前。或许你扮演的角色无足轻重，或许你没有一句台词，但是不论男女，你已是一名演员。让我们暗暗许下誓言并不断践行：认清舞台的界线，堂堂正正，虚怀若谷，以素直之心，一丝不苟地完美演绎自己的角色。只要这样做，大多数人就会张开双臂迎接你，而你的职场达人之路便从此开启。请不疾不徐，稳步前行。

二、
重视简单的工作

● **你的未来取决于最初的简单工作**

越简单或看似越简单的工作，其实越重要。这一点人人都必须留意，尤其是工作不到一年的社会新鲜人，更要牢牢记在脑子里。一般来说，新人最初接到的大多是一些简单的工作，这很正常。因为在企业中工作，得 99 分都不行，每个人都必须在工作中拿满 100 分。只有每个人的工作都拿满100 分，作为整体的企业才能发挥应有的效能并取得发展。

相扑赛中，8 胜 7 败的选手尚能在下一场比赛中名列前茅，但在机器的 100 个零件中，哪怕只有一个零件不合格或不正常，机器就难以运转。同理，在企业中即使只有一个人得了 99 分，这 1 分之差就可能让企业出现致命伤。

正因为如此，上司起初只会给新员工一些简单的工作。当然有担心失败的原因，但上司更多担心的是失败对新员工的前途产生负面影响，因此才会布置一些有时简单得令人嗤之以鼻的任务。新员工每天重复这样简单琐碎的工作，尽管明白这是分内之事，但还是会禁不住有厌烦情绪。产生这样的想法是人之常情，但这时千万不能泄气，更应该认认真真地做好手头工作，这一点至关重要。

● 琐碎工作的沉淀积累是成为职场达人的第一步

3个月的实习期结束，你被分到了秘书科。你雄心勃勃，决心大干一场。此时恰逢中元节，不少寄给企业或总经理本人的礼物被送到公司。因为你是刚进公司的新人，因此，整理送礼人名单、登记礼品、把礼物摆放整齐之类的简单工作一般会交到你的手里。"啊——?！我进的可是秘书科。秘书的工作不是帮总经理接电话，协调管理者的行程或陪高管出差吗？为什么会是登记中元节礼物？凭什么让我做这么简单琐碎的工作？"你心中或许直犯嘀咕。

但是，如果一开始就把帮总经理接电话、帮管理者安排行程、陪高管出差的工作交给你，你能干好吗？刚被分配到秘书科，就想对这些工作应付自如，这是不可能的。如果对总经理或其他管理者的人际往来了解得不够充分，就无法将上述工作做到100分。因此，上司一开始交给你的一般多是琐碎简单的工作。通过这些简单的工作，你不仅能大致掌握管理者的人脉，还能掌握送礼人的想法和秉性。这些简单工作的实际目的，就是让你了解这些信息。换句话说，**简单工作的背后有着不简单的意义。**

　　假如你被分到业务部，上司交给你的工作要么是整理发票单据或客户订单，要么是复印、跑腿之类的杂事。"什么嘛，没意思——"你不得不日复一日地复印资料、为上司跑腿。"我又不是打杂的，"你开始不满起来。但是，做好这些琐事杂事，正是工作的基本规则。

　　即便看似琐碎不堪的小事，也要干净利落地完成。对于那些貌似不值一提的简单工作，要做得又快又好，这一点非常重要。因为，**任何惊天动地的大事都建立在这些看似简单琐碎、繁杂不堪的工作的基础之上。**是的，简单的工作就像机器中小却必不可少的零件，正是它们支撑着整个企业的正常运转。勤勤恳恳地做好每一件简单的工作，不断积累经验，才有可能在未来处理重大工作时拿到 100 分。再微不足道的工作或琐碎的杂务，都应该老老实实地认真完成，这正是成为职场达人的第一步。

● **欲做大事，成伟业，必须从小事做起**

　　以前，我曾乘广岛城护城河上的游船近距离观察过广岛城城墙。每座城堡几乎都差不多，城墙上既有巨石，也有碎石，拳头大小的小石块随处可见。坚固、雄伟、美丽的城墙是由形形色色、大小不一的石块组合而成的，每一块石头都很重要。

新人初来乍到，就渴望做大事，这种想法极其危险。"我想攀登珠穆朗玛峰"——但你具备立刻攀登珠峰的条件吗？必然不具备。为了登顶，必须了解珠峰的气候、山地环境及天气状况，更重要的是需要事先花大量时间进行训练，尝试攀登其他挑战性不那么高的山峰，准备干粮，检查工具，向身边的人寻求建议，这些都是攀登珠峰必要的准备工作。

没有人一上来就能做大事，因为大事是由那些看似琐碎平凡、简单枯燥的小事堆积而成的。微不足道的工作堆积起来，就能成为伟大事业的基础。基础越扎实，建在上面的建筑物才能越宏伟。因此，即便手头的工作非你所愿，也要全力以赴去做，这才是关键。只有做好这些工作，才能在未来建起巍峨雄伟的高楼大厦，成就辉煌事业，取得伟大成功。

每一天都是平凡而简单的。"我不是为了做这种工作而进这家公司的"——在类似的抱怨出现之前，你应该意识到，正是为了将来成就大事，才更应该重视当下枯燥的工作，踏踏实实地做好它。被交代去复印资料，就用心复印；被命令整理票据，就认真、仔细地做好，不要因为工作简单就掉以轻心。被吩咐登记中元节或年底赠礼人名单，就要把名单做得既细致又精确。

重视简单而看似枯燥无味的工作。这不仅仅是对刚刚步入社会的年轻人的要求，同样适用于管理者和资深员工。你对工作的热情、真诚和努力，势必赢得周围同事的认可和高度评价，同时也能让上司放下心来。下一回，上司才可能把责任更重大的工作交给你。真诚、勤奋的工作态度，是你成为职场达人的起点，也是工作的基本规则，希望并恳请你将它铭记在心。

三、
多做一点点

● 把平凡的工作变得有趣

上司下达了一项指令，把一件事交给你，于是你按照上司的吩咐或常规的方法去做。需要指出的是，按照指令做事固然很重要，我们必须认认真真、扎扎实实地执行，但每天、每次都用相同的方法、同等的时间做事，便是无能的表现。在工作中，我们必须每天琢磨钻研。不要因为是相同的工作，也不要因为领导的命令，就一成不变，因循守旧。

希望你在工作中用心思考，加入自己的创意。当然，"用同样的方法确保不出错"，这也没什么不好，但不要停留在这个程度，而要用心思考与昨日不同的、效率更高、更加干净利落的工作方法。不完全依赖上司的指导，而是深入钻研，找出属于自己的方法，把工作做得更快更好。这便是让工作变得更为轻松有趣的办法。上司吩咐这件事要在一天内完成，你可以只用半天，同时拿出超越上司期待的或更高标准的结果。为此，你需要细心研究是否有更快更好的做事方法。只要如此，很快你就能成为公司不可缺少的人才。

● 用心钻研，工作就会变得有趣起来

如果只按照指令工作，人们往往会失去干劲。没有比缺乏自主性的工作更令人兴味索然的了。打个比方，在舞台上演戏时，如果每天都用同样的方式表演，不仅索然无味，更谈不上智慧。

以前，有位著名的舞台剧女演员曾说："虽然我每天扮演的是同一个角色，但我总会精心设计不同的演法。当然，观众可能并没有察觉，但每天我要么在台词上，要么在表演的一举手一投足上下功夫。"她的话给我留下了深刻的印象。难怪她能成为了不起的女演员，我心下佩服不已。你也应该像她那样，在工作中勤加钻研，**注意多做一点点。即便每天从事的是一模一样、简单平凡的工作，也要将工作当作"自己的事"，这才是关键。**

在工作中多做一点点，"他人吩咐的事"就会变为"自己的事"。他人吩咐的事难免索然无味，但一旦变成了自己的事，就会感到其乐无穷。在他人吩咐的工作中加入自己的创意，通过多做一点点，独立思考，摸索出自己特有的工作

方法，做出超越上司期待的成果。未来，当你登上职业阶梯和更重要的人生阶梯时就会发现，这一点极其重要。

如果你只知道按照上司吩咐或指导的方式方法做事，得出上司要求的结果，那么，你的水平一辈子都无法超越上司。而假如上司委派给你一件工作，你的做法和工作成绩都超越了上司的期望，结果又会如何？

比如，上司要你做一张表，但你用电脑多做了一张一目了然的整体走势图，附在其后。上司让你在下周四前完成资料整理，你在周二就完成并提交。上司让你查某人的电话号码并告知对方一件事，你不仅口头汇报了对方的反馈，还将反馈内容制作成一览表交给上司。这一切都是在工作中多做一点点，超越他人的吩咐或要求，是有意义的事情。将这一条工作的基本规则融入血液中，你就能胜任更高水平的工作。

● "多做一点点"的魔法

说到这里，我突然回忆起一件事。

以前，某广播电台有位新来的女播音员，她被委派去播报时间及天气预报。日复一日，她重复着这样的工作。就这样过了一段时间，她觉得十分乏味。"我并不是为了做这种工作才进广播电台的。"她心中日益不满。在这种心态的驱使下，她自然对周围的人没有一丝笑容。她这样别扭，别人也不愿意主动与她交往攀谈。就这样，她的职场人际关系不断恶化，这令她更加感到疲惫，甚至萌生了辞职的念头。

就在这时，她突然醒悟。"等等！"她想，"一天有 24 个小时，1440 分钟，一年就是 52 万 5600 分钟。我竟然把这么多时间虚掷在对工作的不满和抱怨上，难道我真的要这样浑浑噩噩地活下去吗？"于是，她想到报时之前有短短数秒的空白，是否能利用这几秒钟做些什么呢？是否能做一些个性播报，多做一点点呢？

她想出的点子是在报时的短暂空白中加一句"刚才东京打雷了"或"日比谷公园被嫩绿的新叶环绕"。一句"打雷了"，听众们想："啊，东京的梅雨季过去了！"；一句"新叶"，则能给人带来"暖风熏人，新绿盎然"的季节感。慢慢地，她开始留心观察身边的世界，时刻琢磨下一次播报时该讲什么。她发现了过去熟视无睹的现象，留意到身边人们的容貌神态和言行举止。就这样，她像诗人一般反复推敲、斟酌佳句。她全心投入，利用报时之前的几秒空白时间播报自己想的那一句话，工作突然变得充满乐趣。

经过她多做的这么一点点，报时和天气预报从"他人吩咐的工作"变成了"自己的工作"。因为是自己的工作，所以乐此不疲——她的语调变得轻松明快，听众对此大加好评。她自己也变得精神抖擞，积极开朗，同事和上司开始对她表达善意。最后，她被调到电视台，成为一名女主持。这件事是我听说的，并非由本人口述，但过程大致如此。显然，这位女播音员将他人分派的角色变成了自己的角色，将他人吩咐的工作变成了自己的工作。

将他人吩咐的工作变为自己的工作，是工作的基本规则。为了把工作变成自己的事，我们就要留心多做一点点。请记住，将枯燥的工作变为趣味盎然的工作的魔法，就是在工作中多做一点点。

四、
快速、准确、细致

● 准确、细致但来不及＝零分

　　你从上司那里接到一项工作，明确了提交时间，比如
"在本周内汇报结果"。你想："好！我一定要尽全力做出一
份准确又细致的报告。"然后开始埋头工作。你满脑子都想
着"准确"，满心都是"细致"，全力以赴地去完成这项工
作。但是，要把事情做得"准确，细致"需要时间。你全心
全意，拼命努力，然而，时间也在你的埋头苦干中一分一秒
流逝。最后，你提交报告的时间比上司要求的迟了，虽然只
不过迟了"短短"两三天。"做好了！这份报告至少能过我
自己这一关了，上司应该也会很满意。"你这样想，然后得
意地向上司汇报，上司却说："不需要你的报告了，我已经
处理完毕。你回座位去吧。""啊?!"满以为自己的工作成果
一定能博得上司的夸奖，结果却"不需要了"?! 这是什么道
理！你心中不满甚至郁闷起来。但是，如果真的发生这种

事，你只能责怪自己而不是你的上司。

在"舞台"上必须严格遵守时间，这是绝对的原则。不管你是个小配角还是新人，只要从舞台两侧走到中央的时间稍有差池，哪怕只差一秒，就会打乱整个舞台的节奏，甚至会搞砸整场表演。

● 必须严格遵守规定的期限

你认为的"短短"两三天逾期，将导致工作中断，从而无法做出成绩，有时甚至会错失重大商机。"小小的延迟将导致企业崩垮"，"因为你的工作拖延，企业即将破产"，这些话或许听起来有些夸张，但在"舞台"上的确如此。

必须严格遵守规定的期限，这是在组织中工作的人的义务。

但是天有不测风云，有时难免因为意外而无法严格遵守时间，或实在无法在要求的期限内完成。在这种时候，必须立刻向上司报告，说明无法按时完成工作的原因。越快报告越好，上司了解情况后便能及时采取措施。

● "自主决定期限"令成就感倍增

工作中，仅仅在准确、细致上下功夫是不够的。至少在要求的期限内完成工作并汇报，这一点同样重要。可以的话，最好提早完成，在规定的期限之前汇报。这么一来，工作期限就不再是"他人的要求"，而是"自己的决定"，这能让你在工作中的成就感倍增。不仅如此，上司听到你的汇报，也会笑逐颜开："已经做完了吗?""竟然已经做好了?!"

当然，上司也可能会驳回你的报告，幸好离规定的期限还有时间，你还可以在最后期限之前进行修改或补充。工作不仅要做得准确、细致，更重要的是干得快。**工作的基本规则之一就是快速、准确、细致。**"花时间才能把工作做得细致"是一种错觉，正如"只要花时间就能把事情做对"一样，只是人们的误解，我们必须将这一点牢牢记在心里。

● **"既快又好"才是高水平**

看看经验丰富的陶艺家和陶艺见习生之间的差别就能立刻明白这一点。陶艺家和泥、拉坯、塑形，不到一小时便能制出壶形或盘形的陶坯。当然，如果需要在陶坯上描绘图案或上釉，也许会多花一些时间，但至少从拉坯到成壶或成盘的过程几乎是一气呵成。陶艺见习生则做不到这一点，他们左支右绌，满头大汗，花一两个小时才勉强做出形似壶或盘子的东西。

工作也是同一个道理。耗费大量时间未必能做出好东西，也未必会将工作做得更出色。陶艺见习生想要作品尽善尽美的意愿固然不错，但并不代表他就能成为独当一面的陶瓷工匠或艺术家。必须时刻留心做到既快又好，严格遵守规定的期限，有了这份功夫，才能走上通往职场达人的康庄大道。

有一次，松下电器的创始人松下幸之助先生去经常光顾的理发店理发。当时恰巧店里没有什么顾客，理完发后，经常为他服务的理发师对他说："今天客人比较少，能花时间给您细细修剪。"听了这句话，正要走出店门的松下先生停下脚步，对理发师笑着说："谢谢您。不过，真正的本领是在尽量短的时间内将工作做好。如果今天您不增加时间，却能剪得同样细致，这才是真本事、高水平。"理发师惶恐地答道："多谢您的指教。今后我会按照您说的去努力。"

这个故事再次说明一个道理：工作不能只注重准确、细致，如果不加上快速，就谈不上真正的本事。

● **快速完成工作让日子过得更轻松**

如果能在工作中用心做到快速、准确、细致，你就不仅能成为职场达人，还不会累积压力，从而让日子过得轻松愉快。因为只要持续快速地处理工作，"工作积压，业务迟滞"的现象就会全部消失。假设工作的完成期限是一周，而在这期间，不可避免地会有其他工作插进来。当两件工作的时间发生冲突时，你就很可能不知如何处理，最后越做越乱，哪一件事都做不好。像这样工作不断积压，人心里的负担就会越来越大，甚至有患上抑郁症的风险。

但是，假如期限为一周的工作能在四天内处理完毕，你就有三天的空余时间从容调度，利用这段时间完成下一件工作。只要按照这种方式有条不紊地处理手头的任务，你就能变得轻松自在——说"轻松自在"或许有些言过其实，但至少做起事来心里不会有太大压力。因此不管在任何时候，处理工作的速度非常重要。

● 多任务工作时的 "3J" 原则

在工作当中，不可能在一段时间只接到一个任务。不同岗位的人工作量不同，一般刚进公司不久的人最多会从上司那里接到四五个任务。有的任务很简单，有的难度大一些，情况各不相同。但是，为了巧妙地完成多个任务，我们要常常谨记 "3J" 原则：

顺序（Junban）

时间（Jikan）

充实（Juijtsu）

利用"3J"原则，随机应变，灵活处理，这就是同时处理多任务的诀窍。在脑中思考工作的优先排序，先处理哪件，再处理哪件，安排好手头工作的顺序。决定好顺序后，接着预判各项工作需要花费的时间。最后考虑如何将这件工作做得更充实，即准确而细致。

然而，不论怎么合理安排，新的工作总会接踵而来。这时，就需要再次以"3J"原则考虑将新任务排在第几位。如果新任务虽不重要，但马上就能处理完毕，也可以将手头的工作先暂时放在一边，处理这件容易的工作。

● **减少工作的数量**

总之，尽可能减少手头的任务，哪怕能减少一件，你的心情也会变得轻松起来。如果仅仅按照上司吩咐的先后顺序，将能即刻完成的工作放在最后处理，不仅效率不佳，而且不利于人的心理健康。时刻注意减少工作数量，这就是职场达人的工作窍诀。同时，只要按照"3J"原则进行思考，你的脑中自然会琢磨应该向谁请教更高效的工作方法，取得谁的协助或借助谁的智慧，在注意完成期限的前提下，借助他人的力量或智慧，寻求周围人的协作。这么一来，公司的老员工们内心也会感到满足："我还挺靠得住的"，"我还挺优秀的"，于是大力支持你的工作。

回到开篇时的观点，耗费大量时间把工作做得准确又细致，并不代表你的工作会得到好评。我希望各位明白，只有当工作做得快速、准确、细致时，上司和资深员工才会认为你能干。

五、
问候

● 问候是令人心情愉快的 "魔法"

问候是应该的——大多数人都有这种想法。然而，如今许多人都不太喜欢问候别人，尤其是年轻人，据说如今不少年轻人都不爱打招呼。大概是因为社交软件的时兴，人们在社交网络上纷纷以"今天约吗?""那家伙太搞笑了""你的话不明觉厉"之类的表达方式交谈，现实中反而变得不爱问候。

我曾经听过一则新闻，一个 20 多岁的男子因为学弟见了他不打招呼，将对方打伤，结果因涉嫌伤害罪而被逮捕。想来两人并非陌生人，却因小小的问候闹出大事。这样的年轻人姑且不论，但是，**如果想在工作上有所成就，并有志攀登职业生涯的阶梯，就必须重视人与人之间的问候。**因为对你而言，问候是充满"魔力"的语言。

问候即"挨拶"①，原本是禅语。人们在参禅时的一问一答即为"一挨一拶"，后来，这个词逐渐演化为日常用语。"挨"这个字有"推"之意，"拶"则有"接近"之意。因此，"挨拶"指的是"互相靠近""你问我答，我问你答"。这个词最初似乎形容的是人们通过问答参悟禅意。总之，和对方展开有来有往的问答，就是"一挨一拶"。"挨拶"即问候，对别人的话一言不发，毫无反应，"问候"便不成立。换句话说，单方面的问候算不上"问候"。你说一句"早上好"，我回一句"早安"；你说"您好"，我也回一句"您好"。如此有来有往，"问候"才成立。这边说"早上好"，对方却默默将头扭向一边，"问候"便不成立。不仅不成立，双方的心头难免笼罩起一片乌云，气氛也霎时变得阴暗起来。"连招呼都不打，讨厌的家伙！"这样的想法油然而生。有人甚至暗想："我以后不会再问候他了。"过不了多久，不爱问候他人的人就渐渐被孤立起来。

　　其实，我认为日常问候是珍贵的宝贝，是带着"魔法"的话语。**"早上好""您好""晚上好"等话语，能简单表达"我有一颗温暖的心""我怀有一颗体贴之心""我有一颗爱**

---

① 日文的"问候、打招呼"，汉字写作"挨拶"。

心"，因为这些话语能使彼此的关系变得融洽起来。"再见""谢谢""对不起""好的"之类的话语也有相同的作用。

● 一句短短的问候便能表达关爱

"挨拶"的日文读音，也可以写作"爱札"这两个汉字。从这个角度理解，问候便是"互相传递爱的卡片"的意思。也有人将问候解释为敞开心扉，让对方走进自己的内心。在现实当中，问候是用一句话表达内心温情的语言记号。

亲切的一句"早上好"，表达的意思是："您来得真早啊，辛苦了。您的身体还好吗？请勿太过操劳。"但是，假如真的来这么一段冗长的交谈，双方就什么都不用干了。于是，人们将这些内容用语言记号体现出来，表达为一句"早上好"或"早安"。是不是很简单、很方便？这样既能表示对对方的关心，又能免却啰啰嗦嗦的对话。彼此问候，就能表达和了解彼此的温情和关爱，双方的心情也因此变得愉快。**双方交换了"爱的卡片"，因而感到心情舒畅，氛围也当场变得轻快明朗起来。**

"您好"也是同一个道理。"您好"不写作"こんにちわ"，而写作"こんにちは"。是的，正因为后面的内容被

省略了，所以才会变成"こんにちは"。① "您今天好吗？心情怎么样？请多多注意身体。""您好"这一问候便是将这段话留头去尾后形成的语言记号。

"晚上好"亦是如此。"再见"也是一个语言记号，表示"我先告辞了。后面的事就请您多多照拂，请不要太过操劳"。顺便说一句，"对不起"同样是表达自己温暖之心的语言记号。人们还用"好的"代替"您刚才说的事我已经充分了解"这句话。

问候语非常方便，短小精悍的一句问候，便能表达出彼此的关爱、体贴之心，是实用的语言记号。相互问候，人与人之间的关系便会变得融洽，还能给身边的人带来好心情，职场氛围也因此融洽起来。我们没有理由不用好这些语言记号，因为你的一句问候便能给整个企业带来活力与发展。

● **问候打动人心，使人开朗**

在美国一个偏僻乡镇的十字路口，有一位大叔不停地对着一辆辆路过的汽车打招呼。

---

① 在日语中，は为副助词时，念 wa，用于提示主语，此处表示省略了"今天"这一主语后的内容。

"早上好！""您好，请您小心驾驶。"他主动向过路的人们问候。当然，起初并没有人理睬他，非但如此，一些路人还会腹诽："这家伙有毛病。"但是，不论刮风下雨还是严寒酷暑，他总是站在十字路口的一角，坚持问候每一个人。就这样，十年过去了，许多车经过时，都会特意摇下车窗回应他。

　　"您还是老样子啊，谢谢。""您辛苦了。没事，我会小心的。"人们在等信号灯时，会这么跟他聊上几句。走在人行道上的路人也主动跟他打招呼："辛苦了。多亏您，小镇的氛围才变得这么活泼开朗。"

　　那之后又过了三年，新闻刊载了议会决定以这位大叔的名字命名那条道路的消息。或许你也曾经看过那则报道。像这样，一个人的问候打动了许多人的心，那位大叔在小镇中四处散发"爱的卡片"，使整个镇子变得充满活力。问候就像魔法，拥有非凡的力量。

　　只要在公司或社会中对别人多加问候，你就必定能收获他人的善意，身边自然就会出现伙伴和支持者。问候即"爱札"，传递"爱的卡片"正是工作的基本规则，请不要忘记用真诚的心，坚持发送"爱的卡片"。

六、

没有 "做不到"

● 你的能力超乎自己的想象

上司下达了一个任务。这个任务貌似相当繁复困难，或许你会觉得无法完成。这时，有的人会跑到上司面前说："抱歉，这个任务太难了，我干不了，我不能接受。"确实，假如接到的工作对专业技能的要求较高，而自己对此毫无经验，那么，认为自己"做不来"是很正常的。要是草率地接下工作，最后却没做好，反而会给公司带来麻烦。既然做不到，就应该早早告诉别人——这个想法从某个角度来看，的确有一定的道理。

但是，在行动之前就说自己"做不了"，在动手尝试之前就说自己"不行"，这对成长真的好吗？不尝试一下，就断言自己不行，你的能力将一辈子得不到提升和发展。总是画地为牢，在自认为的能力范围里做那些所谓"能做的事"，又怎能激发自身尚未被发现的潜能呢？

但凡是人，都会以为"我清楚自己的能力""我了解自己的水平"，但事实并不一定如此。**或许我们身上还拥有尚未被发现或自认为不存在的能力，这样的例子屡见不鲜。**不实际动手做一做，谁也不知道自己究竟有多大能耐。即便心里觉得做不到，也不妨做做看。这时，往往就出乎意料地成功了。

织田信长的"桶狭间之战"想必大家耳熟能详。它便是"不做不知道，一做吓一跳"的典型例子。

永碌三年（1560 年）5 月，今川义元亲自率领号称足有三四万人的大部队，从骏府出发，朝尾张进军。当时应战的织田军只有四千人，是今川军的十分之一。敌众我寡，该怎么办？在清州城，大臣和将领们展开了激烈的争论。是固守城池还是主动出击？不管哪个选择都看似毫无胜算。众人迟迟得不出结论，最后，织田信长大喝一声："出击！走，上阵去！"然后一鼓作气，猛冲出城。在眼睛都睁不开的瓢泼大雨中，织田军偷袭了歇息在桶狭间的今川义元军队，最终割下义元的首级，取得战役的胜利。

经此一战，织田信长开始征战天下。假如当时信长认为双方兵力悬殊，己方毫无胜算，干脆早早打开城门投降，就不会有桶狭间之战，也不会有后来的织田信长。但是，在人人认为不可能获胜的情况下，织田信长依然发起挑战，结果大获全胜。可以说，这是织田信长"不要认为自己不能取胜，要勇于尝试"这一精神的胜利。

● 既然被信任，不妨试试看

以前，有位社长决定在某地区开设新店，正在思索应该让谁当店长之际，脑中突然浮现出一名20来岁年轻员工的脸，这名员工当时才刚进入公司一年多。"他虽然还是个新人，但似乎有些能力，最重要的是有热情。好，就让他出任分店店长！"于是，社长把那名员工叫来，命令他出任分店店长。那年轻人当然吓了一跳。他只是一名普通员工，何况还是新人。尽管分店店长这个职务说大不大，但必须从事经营管理的工作。想到这里，他对社长说："像我这样的小兵怎么有能力担当这样的重任？要是给公司惹了麻烦也对不起您，请允许我拒绝。"

听完他的话，社长回答："你的话不无道理，有这种担心也很正常。但是，不试一下又怎么知道做不到呢？你说你做不到，我却觉得你能行。你不挑战一下试试吗？万一失败或者出了问题，到时我会负起责任。不必担心，你一定能做到。"社长把话说到这个份儿上，员工只好接受。

于是他单身奔赴该地区开设分店。过了一年，社长去那家分店视察，发现他将分店经营得井井有条，员工人数也达到十人。社长对该员工取得的成绩大加赞赏，后者却向社长深深地鞠了个躬，说："衷心感谢您给我这个机会。当知道自己取得了这些成绩时，我也大吃一惊，再次感谢您。"这便是"不做不知道"。只要勇于行动，"做不到"也会变成"做得到"。那名年轻的员工一定会为了连自己也没有想到的能力而自豪吧。

● 只做"做得到"的事，无法成长

在体育界也一样。一名运动员接到教练的命令："将跑100 米的时间压缩到 10 秒以内。"他回答："那是不可能的。现在我竭尽全力才能跑出接近 11 秒的成绩，何况是突破 10 秒界限。自己的能力自己最清楚，不管怎么训练，我都不可能跑出那样的成绩。"教练说："你为什么要自我设限呢？只能跑 10 秒多，这是你的错觉。我坚信你能跑进 10 秒，你应该挑战一下。如果试过了还不行，你再死心不迟，我也才无话可说。"听了教练的话，运动员心想，横竖都要训练，把训练目标设定为"跑进 10 秒"也无妨，于是他开始埋头苦练。最后，他虽然没有突破 10 秒，却跑出了极接近 10 秒的日常成绩，因此被选为奥运会和世界田径锦标赛的参赛队员。

只做"做得到"的事是无法成长的。工作也好，生活也罢，如果缺乏勇于打破现状的勇气，就无法成为职场达人和人生赢家。

● 不妨先挑战

还有一个故事，大约在 80 年前，一家乡镇工厂的厂长命令年轻的技术主管将产品价格降到市场价的一半，而且品质不能下降。这简直是痴人说梦。讲究精工细作的技术人员自然一口回绝："不可能！绝对办不到！我是专业人士，什么能做什么不能做，我不必试就知道。"然而厂长反驳道："虽然你说做不到，但据我平时对你的观察，我觉得你一定有办法。"技术人员听了厂长的话，虽然仍然觉得这是天方夜谭，但无奈之下也只好一试。于是他开始行动起来。三个月后，他竟然真的将价格降到市场价的二分之一，而且生产出的产品性能比其他公司的还好。

我记得，这位技术人员晚年时笑着回忆道："那时真是少不更事。我以自己的经验判断办不到，社长却认为可行。他对我说'你一定能做到'，我才抱着姑且一试的心态去做，没想到真的成功了。社长欣喜若狂，但最惊讶的其实是我。当时真不应该妄自菲薄，凭着一丁点儿浅薄的经验就断言不可能。这是我当时最深的体会。从那以后，在做事之前，我决不再说'做不到''很难''不可能'之类的话。"

● 不拒绝挑战，人生方能无悔

如果你期望在职场、社会、人生中获得成长，就不要轻易对任何指令说"做不到"，而应该接下任务去挑战，去努力。这么一来，你才能成长，才可能敲开人生的幸运之门。常言道："人生难得几回搏。"也许你又要问：假如真的失败了怎么办？失败了也没关系。人生就是挑战，失败是成功的起点——唯有勇于持续挑战的人，才有可能在职场和整个人生取得更大的成就。

话虽如此，有人却不这么认为。在那些人看来，如果尝试失败，做不出成绩，不但丢人，还会给很多人带来麻烦；既然做不到，就应该老实承认，及时拒绝，这才是正理。

每个人都有自己的人生，对此我不予置评。但是从我的个人经验看来，如果一个人就此停止探索，其人生和事业就会变得空虚苍白，不但无法获得充实感，随着时间流逝，心中还会因后悔而翻起波澜：当时我要是做了那件事就好了；

当时要是接受那个挑战就好了……因为我的拒绝，那个机会给了别人，而我以为办不到的事，那个人却出色地完成了，得到了同事的夸奖，还获得了公司很高的评价。现在，他成了部长，而我只是普通员工……你忍不住会这么想。

当然，我并不认为部长了不起，而普通员工微不足道。不管什么职位，关键在于能否演好自己的角色。部长和普通员工之间只有分工不同，两者是平等的关系，但是两者管辖的范围和职责的确有大小之分，令你后悔的便是这种职责之间的差距。

● "动手做一做"能给人生带来巨大的学习机会

不管上司有何指示，我们都不应拒绝，而应勇于挑战，不必给自己设限。其实**是否能做到，你自己并不清楚。**只要不违背规则和道德，对上司的指令全盘接受，这一点对你而言十分重要。无论成功还是失败，对今后漫长的人生而言，都可能是千载难逢的学习机会。

在工薪族中流传着这么一句俏皮话："'全部拜托你了'这句话是无能上司的挡箭牌。"其实拥有这样的上司，对你而言是莫大的幸福，应该在心中大呼走运才对。只要全盘接受所有工作，认认真真地去做，你便能获得巨大的成长，而上司则可能止步不前。"全部拜托你了"——上司把工作甩给你，自己当起甩手掌柜，如果你能调整心态，将此视为提高自己的机会，那么你就开始踏上了职场达人之路。

再次强调，只要交给你的工作不违反规则和道德，你就不应拒绝，而应将其视为激发自身潜力的大好良机，一股脑儿全接下来。"与其不行动而后悔，不如行动以后再后悔，这才是有价值的人生。"请将这句话铭记在心。

七、

用眼"聆听"

● **默默地"听"上司讲话**

　　你在听上司讲话。有时，上司会责备你、警告你，甚至严厉地训斥你。也许是因为阅历的原因，你在工作中难免有不周到、遗漏或令人产生误解之处，这十分正常。这种时候，你不得不站在上司的办公桌前听训。

　　首先，我想说的是，"聆听"不同于"探询"。如今，"聆听的重要性"之类的理论大行其道，介绍相关理论的书籍也十分畅销，但是阅读后就会发现书中所说的其实并非"聆听"的能力，而是"探询"的能力。

　　总的说来，就是为了引出对方的话而摆出聆听的姿态，采用技巧引发进一步的沟通，等等。这当然十分重要。为了让对方表达得更顺畅而采取巧妙的询问方式，是非常重要的沟通技巧。如何让对方把话说出来，引出对方藏在心里的话——这其实属于双向沟通。提问题只是手段，目的是通过换位思考，引出对方的心里话或自己想听的话。

但是，我在这里所说的"聆听"绝不是为了引出对方的话，而是按照字面上的意思，"听"对方说的话。"听"这个字的含义亦是如此，听音乐、听别人讲话，不需要提任何问题。

我们去听音乐会时，不会在乐队演奏的过程中对指挥讲话；听演讲时，也不会在演讲者正讲得投入时向他提问题。当然，演奏或演讲结束后，有时会有互动问答的环节。此时按照字面上的意思，双方提问、回答。在这个环节中，双方之间变成了"询问""探询"之类相互沟通与交流的关系。

为什么要这般先解释"听"的含义？原因是**"听上司讲话"原则上不是双向交流。**

在上司的话结束之前，必须是他说你听。上司的话讲完后，才开始进入问答环节。这时你才能说"可以提问吗？""可以确认一下您的意思吗？"经上司首肯后，你提问或表达个人观点，和上司交换意见。如果不懂得这个规矩，你便不会得到好的评价。

● **用眼"聆听"**

在听别人讲话的时候，不能仅用耳朵，还要留心用眼睛去"聆听"。有一句谚语道："眼睛比嘴巴讲得多。"上司在讲话时，往往通过你的眼神来判断你是否听明白了。或许你还未有过这种经验：如果对方静静聆听，尽管他一言不发，你也能通过他的双眼，知道他是否认同自己的话。对方是心怀不满还是心不在焉，通过他的眼神便可一览无余。

我也曾被松下幸之助先生训斥，而且持续时间很长。起初我并不服气，一直在想："虽然您这么说，但这是有原因的，我是迫不得已才这么做的。""您不用讲得那么过分吧。""工作的确有流程，就算我做事的顺序有些不对，但我本来就打算改过来。""即便我做得不对，您也不用发那么大火吧。"……当我满脑子都是这些念头时，松下先生始终不停地训斥。渐渐地，我开始觉得"虽然有迫不得已的理由，但我所做的事的确不太好"。又过了一会儿，我意识到尽管自己打算恢复流程，但的确有恢复不了的可能，我的做法的确不妥。正当我这么想时，松下先生突然说："你明白了吧！"我脱口而出："对不起！我马上处理，以后会注意的。"类似的事发生过好几次。

我曾惊讶地想："为什么松下先生会知道我内心的变化?"想来是因为那些变化从眼神中流露出来的缘故。换句话说，眼睛能暴露一个人的心理。正因为如此，"不用耳朵而用眼睛聆听"才那么重要。

一个人的心情最先反映在眼睛上，所以在听上司讲话时，要看着上司的双眼，这一点很重要。但是最好不要直视对方的双眼，如果可以，一边看着对方双眉之间的位置一边聆听，似乎更为妥当。"我在真诚地听。""我认同您的话。"——即便不说出口，上司看到你的双眼，也能明白你的心情。当然，如果你不接受或感到不满，不必宣之于口，通过你的眼神，上司也同样看得一清二楚。

● 用"点头"表示"我在认真听"

"点头"这个动作十分重要。你一边听着上司讲话，一边想"原来如此，以后我要注意""今后我要改正"。为了把反省的心情更清楚地告诉对方，你应该点头。用眼"聆听"，然后点头——这才是完美的聆听方式。上司一边批评一边忍不住想："这家伙真虚心。"于是以后更愿意关注你，栽培你。**我们不仅要用眼睛，还要用"点头"这个动作表示"我在听，在理解，在接受"。**"点头"能够明确地向上司表示自己正在认真听。

有一次，我和一位大学教授喝酒聊天。他对我说，他最讨厌的就是演讲时有听众旁若无人地聊天，不认真听自己说话。"这真的令人很不愉快，"他一边说，一边补充了一句，

"而最高兴的，就是看见有人在点头，哪怕只有一个人也好。"对此我亦有同感。有人觉得，在那么多听众当中，只有一个人点头，台上的人看得到吗？其实从讲台上看，在一片纹丝不动的观众当中，哪怕只有一个人脸上有动静都看得十分清楚，更何况大多数情况下不止一人。"所以啊，讲着讲着，我的注意力就转移到那个点头的人身上，就好像在对他一个人讲话一样。"教授说道。不管怎样，不要用耳朵，而要用眼"聆听"别人的话，然后点头，表示自己在认真听。如果需要提问或确认，请在听完对方的话后再提出来。切实地做好这些，就是工作的基本规则之一，它将会带领我们走上职场达人的道路。

八、
学会做笔记

● **一定要做笔记**

有的人认为不必做笔记，集中精神听讲就行。有位年轻的朋友告诉我，某场讲座的老师说："如果做笔记，我们就会将做笔记当作学习的目的，并为此感到满足。我们往往只关注写了什么，而忽略了践行。因此，不要做笔记，看着我的脸，好好听我讲。""怎么办？是不是一点儿笔记都不做更好？"他问。"你当时是怎么做的？"我反问道。他苦笑着说："因为听的时候没有做笔记，生怕忘记，反而变得很紧张。讲座结束后虽然能记住几个点，但还是忘记了不少东西。"接着，他补充道："大概是因为第一次这样听讲座吧，还不习惯。或许以后习惯了就记得住了。""但是，我觉得还是应该做笔记。"我说，朋友听了，似乎松了口气，点头赞同："就是啊。"

我十分理解劝别人不做笔记的人的心情，这些人大抵喜欢一边讲话一边观察听众表情。他们常常通过观察对方的表情来调整讲话的方式，有时甚至改变演讲的内容。因此，若完全看不见对方的表情，不清楚对方的反应，他们就会感到不安，不知道别人是否真的在听，进而担心自己的话是否被理解。

我有一位评论家朋友，曾受邀在某女子大学两千多名学生面前演讲。"哎呀，真够呛。当时讲了整整一个半小时，所有人都低着头。她们在听讲吗？不会是睡着了吧？我讲到一半就完全失去热情了，只好像报流水账一样把内容讲完。结束后我问了一下，学生们说：'我们听完老师您的演讲后要写报告，这是关系到学分的，所以大家都在做笔记。'我这才恍然大悟。不过，演讲时看不到听众的表情，真的很不舒服啊。"

在日本的大学，说得极端一些，有些讲师或教授讲课就像播放录音一样，几乎与讲义一字不差，也不在乎学生是低着头还是打瞌睡。但是，上面提到的那位评论家每次演讲都会根据听众的现场反应调整讲话的方式，有时还会改变讲话的内容，看不到听众的表情对他而言自然是一件很难受的事。

从演讲者的立场讲了这么多，但我认为，我们还是应该具备做笔记的能力，特别是要想在工作中做出成绩，最好努力养成做笔记的习惯。人类是爱遗忘的动物，一个人无论怎么集中精神，也不可能 100% 记住别人讲的内容。更何况，即便第二天记得，一周、一个月、一年后，也绝对不可能完整地保存记忆。我们要通过做笔记，反复查看与确认，才可能将记忆牢牢地留在脑中，即便只有十之七八。

● **关键的事往往不会写在分发的资料中**

上司或客户的指示和要求尤其需要做笔记，这一点十分重要。

"你联系一下鸿池建设公司的山之内社长，告诉他我希望跟他在 6 号，也就是下周三晚上 7 点在银座水晶大厦 12 楼的'浮桥'餐厅见面。如果他那天不方便，跟他商量一下哪天合适。见面的目的是想和他谈一谈那笔不锈钢材料的交易。啊，对了，到时我们要带点儿礼物过去。就买京都'金正'茶泡饭鳗鱼，8000 日元的就可以。你让他们提前送过来。别忘了在'浮桥'预订座位。"如果这是上司的吩咐，不做笔记，你记得住他所说的所有内容吗？

又或者，在公司经营方针发布会上，社长公布了"公司本年度目标"。当然，他讲的内容大多会在随后的几天内印成文件分发给大家。如果是中小企业，有时会当场将资料发给大家。但是，社长很有可能不完全按照资料内容讲话。或许他在中间会举一些例子，发放的资料当中往往并不会将这些即兴内容收入其中。这些即兴所讲的比喻或事例不仅有助于帮助我们回忆社长的讲话，还能作为其思想方针在一线落地的参考，但是我们手头却没有。过了一段时间，当时觉得极有道理的东西，大半被忘到九霄云外了……无论我们多么集中精神听讲，也只能记住一部分内容，更多的内容会在记忆中变得越来越模糊。上司的指示越重要，我们就越不能忽视细节。要把握好细节，就必需学会做笔记，养成做笔记的习惯。

● 做笔记勿低头看手

做笔记时，我们往往无法抬头看说话者的表情。我们将目光聚集在手边的记事本上，专心致志，奋笔疾书。我们常常一边侧耳倾听，一边不停地书写。但是根据我的个人经验，一边紧盯着记事本一边做笔记的方式并不可取。一对一谈话也好，会议之类多人会谈的场合也罢，听别人讲话时，最好不要看着自己的手，而应看着对方的脸，用眼"聆听"对方的话（请参考上一章）。你可以一边点头，一边在适当的时候回应"是""我明白了"。

● 用"A4记事本"做笔记

根据我的经验，要想几乎不看自己的手做笔记，就需要 A4 大小的记事本。当然，事后看来，当时所做的笔记可能文字交叠，字迹歪斜，但如果谈话一结束就立刻整理笔记，即便文字潦草，也能大致猜出写的是什么。对所记的内容及时誊写、补充，直到条理清晰，这花不了多少时间。千万别忘了**记下日期及时间地点**，将来一定会派上用场。为了提高做笔记的能力，奉劝各位随身携带 A4 大小的记事本。随时随地，即便明知用不上，也应该注意随身携带。

● 及时、反复阅读笔记，确认内容

总而言之，像这样巧做笔记，就能让对方看到自己的表情，告诉对方"我明白了""我理解了"，让对方安心。做好笔记，还能随时查阅，确认上司吩咐的内容。同时，重新翻阅笔记能唤醒当时谈话的细节，补足遗漏的地方。通过提升做笔记的能力，你将获得上司的信赖，让上司放心，从而切实地登上职业阶梯。

除了阅读那些即将要做的工作内容，还应反复翻看记事本，回顾已经结束的工作内容。这样一来，每当上司或当时一起谈话的人问"唔，那个是什么来着？"或"那件事是什么时候的事？"时，你就能立刻回答。而对于即将要开展的工作，反复阅读的目的在于将笔记中的要点充分吸收，思考应该按照怎样的顺序，做好什么准备，避免遗漏。总之，反复阅读笔记的目的是为了完美地完成工作。

有一个人叫作濑岛龙三，曾担任伊藤忠商事的董事长及中曾根康弘前首相顾问，在日本政经界拥有巨大的影响力，被称为"昭和参谋"。他于2007年去世，在他生前，我曾与他有过数年来往。濑岛先生一有时间，譬如在乘车等空余时间，就反复查看自己的行程表。他的秘书曾笑着对我说："为什么濑岛先生要看那么多次行程表呢？真是不明白。"秘书的意思是濑岛先生反复查看行程表，简直要把行程表看出一个洞来，有点儿怪怪的。但是我听了这件事，不但丝毫不以为奇，还心生佩服。濑岛先生之所以反复查看行程表，是为了完美实现即将执行的计划。为此，他反复思考必须做什么准备，执行计划应当说什么话，以及说这些话会给周围的人带来什么影响。唯有做到这个程度，才能高质量地完成工作。

● "做笔记"使你的能力更上一层楼

做笔记只知道"记",是毫无意义的。必须反复阅读、整理、确认所记的内容。然后,必须用心思考怎样才能快而精准地执行上司的指令。为了完成计划,应该怎样准备,联系哪些人,和谁沟通商讨,如何开展活动……这些思考是十分有必要的。这样才算真正学会做笔记。

最近,因为录音笔等小型录音设备、智能手机录音软件的出现,人们无需做笔记,也可以用录音的方式进行记录。有人提出"比起做笔记,利用录音设备,可以在听别人讲话时保持眼神交流,这样岂非更好"的说法,我也知道有些人的确在使用这种方法。而且,今后随着人工智能的进一步发展,或许在录音的同时还能自动生成文字。①

但是,即便这些技术手段变成现实,做笔记也是不可缺少的。做笔记是非常重要的技能,因为做笔记的目的不仅仅是记录。**通过做笔记,能锻炼人的注意力;通过翻阅、整理、补充笔记,能加深记忆;通过反复确认笔记内容,能完善准备工作,增强个人工作积极性。总之,做笔记能够提高人的工作能力。**

---

① 作者提出的语音转换现在已有软件可以实现。

让我们手持 A4 记事本，英姿飒爽地在公司中行走；让我们大步流星地走进会议室，打开记事本，无需低头，用眼"聆听"，一边与对方眼神交流，一边做笔记，给对方以信赖感、安心感；让我们完美地完成工作，连细节也做到无懈可击。这样的你，一定会获得公司的高度评价，取得令自己满意的结果。

九、
重视“确联报”

● “确联报”即“确认、联络、报告”

　　上司交代给你一个任务后，不能只低头做事，而必须拥有“确联报”的意识。原因有两个。其一，让布置任务的上司对你信任和放心；其二，让上司了解你的进度。请牢记这一点：“确认、联络、报告”，即“确联报”，是十分重要的工作方法。

● “确认”对上司也有帮助

　　你被上司叫过去：“这件事这么去办，我要看到结果。”“明白了。”你一口应承并迅速行动，这种态度很重要。但是，即便你想立刻行动，也有必要提前向上司确认一下自己的行动内容。或许因为刚刚听完指示，你认为“必定如此”“这样肯定没错”，于是动手开干，结果工作方法或结果并不符合上司的预期。接受的任务越重大，越需要思虑周全，一一确认，这一点十分重要。有时可以口头，有时甚至需要以书面形式进行确认。**借助这样的确认，能促使上司再次明确自己下达的指示。**有时，类似的确认甚至能"拯救"上司。"啊呀，关于此事，你稍等一等，我需要再想想，或许用别的办法更好。"上司可能会这么说。通过确认，你能帮助上司防患于未然，避免失败，他必定会对你心怀感谢；通过确认，你能给上司留下做事缜密的印象。

● **"确认"能够消除沟通上的失误**

如果疏于确认，有时你会受到训斥。你接到"将这些内容写成邮件，发给所有客户"的指示，便立刻将邮件发了出去。不料，上司看到你发的内容，却指出："不对，这个地方和我说的意思不一样，这么写会招致误会的。"但是邮件已经发出去了，说什么都为时已晚。"对不起，我已经把这封邮件发给所有客户了……"你刚说完，上司就火冒三丈。因此，在发邮件之前，应该将所写内容请上司确认一下："这样写可以吗？"这是成为职场达人必不可少的工作方式。

● "商量"无法让你成长

或许你在做事的过程中遇到障碍，束手无策，这时，不要立刻去找上司商量怎么办，而应带着自己想出的解决办法去找上司"确认"："我在这个地方遇到了困难。我想用这个办法解决，您觉得可以吗?"为何不应该"商量"，而应该重视"确认"? 这是因为如果遇事就急于找人商量，询问"应该怎么办""怎么做才好"，你将永远成为工作的奴隶。**必须拥有"独立思考、独立解决"的主人翁精神。**自己不勤于思考，动不动就问别人怎么办，不但给上司添麻烦，自身也无法得到成长。

人们常说"报商联"（报告、商量、联络）很重要。"报商联"与"确联报"相比，其中的"报告、联络"相同，但"商量"无法带来成长。一遇到困难就找人商量，你将永远无法自立。而如果不能成为独立自主的职场人，你就无法得到公司的认可，因此，希望你能充分认识"确认"的重要性。再者，只要不疏于"确认"，即便事情不成功，做不出成绩，你也不会被单方面追究责任，遭到一面倒的责备。虽然这貌似有点儿要小聪明，但对你而言，"确认"在客观上的确存在这样的好处。

● 一句"先告知一下"留下的印象

"联络"也非常重要。只要随时汇报工作的进展，上司就能对你放心，产生信任感。上司拥有众多部下，基本上不可能与所有部下一一联络，心里有时难免会担心："虽然已经明确告诉他要做的工作，但他是否真的在推进？""现在进展到什么程度了？""他有没有按照我的要求去联系对方？""他会怎么跟对方说？"做上司的，虽然心里有这样的疑虑，却因为事务繁忙而没有时间一一询问。正在此时，你的"联络"来了："您交给我的那个项目，现在进展到这个阶段了，我先向您汇报一下。""我和客户那边的高层见面了，简单地说，我们谈了这些内容，先告诉您一下，具体情况下次再向您说明。"**短短的一句"先汇报一下"或"先告诉您一声"，就是工作的基本规则。**总之，请在适当的时机联络上司，譬如，"我一会儿就要拜访您说的那家公司"。通过"联络"，上司意识到你正在勤奋地工作，心中难免赞赏："他干得真卖力。""联络"也是你在上司面前展示自我的一种方式。

或许，有的上司会觉得不需要一一汇报，但这种对部下的汇报感到啰嗦麻烦，同时拒绝给部下提供自我展示机会的上司，往往是以自我为中心的人。当部下来汇报时，上司说一句"谢谢"或"你辛苦了，加油"，将给部下带来巨大的喜悦和鼓励。然而，以自我为中心的上司却对此不置可否，更不愿意了解部下的努力。这样一来，整个组织便无法顺利地运转。大多数上司都会对这种先行联络汇报的行为给予好评。"把工作交给她，我很放心。""那家伙的确有才干。"只要上司产生这些印象，你就更容易得到好评。我们必须清晰地认识到"联络"的重要性。

● "报告"为工作画下句号

"报告"是工作的最后一步。你完成了上司交办的任务，做出了结果。不论成功还是失败，这件工作都结束了，但只有报告了工作结果，才算真正画上句号。如果没有最终的报告，上司难免会想："这个工作他要做到什么时候？""他到底在磨蹭什么？""干得太慢！"其实工作早已结束，却因为你忽视了报告，导致上司并不知道工作已经完成，更不了解工作的结果。一旦如此，他对你的印象和评价绝不可能是正向的。

以前，某公司的 A 会长吩咐新社长出差去拜访美国的客户，处理一桩事务。因为社长刚刚上任，因此 A 会长专程到机场送行，以示鼓励。过了几天，新社长回国了，却没去会长那里报告。"或许他今天会来，"会长每天都在着急地等候，但就是不见新社长的身影。A 会长又气又急，忍不住跑去社长室，激动地斥责新社长："你不会来向我报告一下吗?"新社长却反驳:"您交代的事我都办完了。"从此之后，两人之间的关系急转直下。或许，在新社长看来，既然自己已经完成了会长交代的事，就不必刻意向会长报告。但是回国以后向会长打声招呼，顺便报告一下，这是理所应当的。由此看来，千万不要想当然地认为"上司已经知道了"，一定要主动报告。

相反，那家公司的一位高级顾问每次出国出差之前，必定会给 A 会长打招呼，顺便简单做一个工作确认。而且每次回国后，一到机场，他就会给会长打电话:"我一会儿去您那儿报告。"当时不比现在，没有手机，因此那位顾问总是一板一眼地用机场的公用电话报告。会长对那位顾问的信任之深，简直无法用言语形容。

"报告"代表告诉对方"工作结束"。请大家牢牢记住，不仅要接受指示，做好工作，还要重视"报告"。 不管怎样，接到一件工作，就必须按照"确联报"的步骤，一步一步、扎扎实实地推进。我坚信，一丝不苟地践行"确联报"，就是工作的基本规则。这是我的个人经验，也是给各位的建议。

十、
能力过得去就行

● **年轻人之间能力的差距其实微不足道**

在工作中，人们常常将自己与他人进行比较。"我比不上他们""跟我同届的同事们都十分优秀"……我们难免陷入这样的失落。或许几乎人人都会有不同程度的自卑。但是，人与人之间能力的差距其实并没有那么大。

有一位高中学历的国际建筑师在行业中大放异彩，想必大家对他也有所耳闻。如今，他成了东京大学的特聘荣誉教授，正在给东大的学生们授课。还有一些毕业于所谓三流大学的人最后反而成为一流企业的经营者，类似的事例数不胜数。

有一次，我去拜访一家企业。那家企业有一位高中学历的管理者，其部下是与他年龄相仿的东京大学毕业生。谈完工作后，我们闲聊了一会儿。这位管理者聊到兴头上，说："我的部下是东大毕业的，非常优秀。""啊，真的吗？"我应道。不一会儿，他又笑着说道："可我才高中毕业。""啊，您也很厉害呢。你们两位各有所长，都很优秀，我只有羡慕的份儿。"我记得自己当时是这么回应的。不过，一个人是否有能力，头脑是否聪明，其实并不是什么大问题。

根据我的个人经验，我深深地感到，**在年轻时，人与人之间的能力其实根本谈不上什么差距。年轻时，一个人能力再高，也只有 60 分左右；能力再低，也有 40 分、50 分。两者之间差距不过是 10 分、20 分的程度。**因此，年轻人根本不必与他人比较，更不要因此产生自卑情绪。

● **热情是激发工作能力的根本**

那么，为什么后来人与人之间会逐渐拉开差距？为什么有人成为国际建筑师、世界知名的企业家，有人却止步于"三流"建筑师或"三流"经营管理者？原因在于"热情"的差距。是否对工作拥有火一般的热情，决定了人与人之间的差距。热情能够激发能力，促使一个人一步一个脚印地攀上职业或人生的阶梯。虽然有能力，却自恃才华，自高自大，目空一切，而那些能力相对不足的人怀着满腔热情，"我一定要好好干，全力以赴"，那么，他们转眼便会超越那些起初似乎更有能力的人。

再强调一下，热情能够激发能力。所以，不要妄自菲薄，自以为无能，而应以勤补拙，不怕吃苦流汗，奋力拼搏，燃起不亚于任何人的斗志，每日钻研精进。攀登职业或人生的阶梯，最需要的就是这种热情。说得夸张一些，对自身热情有绝对自信的人，即便不上大学也无所谓。

事实上，苹果公司的史蒂夫·乔布斯、微软的比尔·盖茨都曾从大学辍学。他们当然具备一定的才干，但更重要的是他们对所从事的工作拥有火一般炽烈的热情。假如你因自认为能力不足而感觉低人一等，那么其实你应该哀叹的并不是自己的能力，而是贫乏的热情。20世纪的企业家、被誉为"经营之神"的松下幸之助先生也不过读到小学四年级就辍学了，但他凭着一腔无与伦比的热情成功创立了大型跨国企业。热情是一个人成为职场达人必不可少的条件。热情，就是工作的基本规则。

● 热情能让企业运转起来

很久以前，发生过这么一件事。一家银行的分行行长突然前去拜访某知名企业 M 公司的一位高层管理人员。M 公司和这家银行之前几乎没有来往，因此这位高管感到十分惊讶，不知道对方找他有什么事。见面后，对方匆匆打了个招呼，就深深地鞠躬。"咦?"该高管正感到奇怪，就听到对方说道："这次我能当上分行行长，全仰仗贵公司社长先生的支持，因此，我无论如何都要来道谢。直接找社长的话恐怕太冒昧，所以想劳烦您向社长先生转达我的感激之情。"高管愣住了，分行行长随即进一步向他讲述了个中缘由。

原来，M公司的社长以前曾经得到另一家银行A行的许多关照，因此决定只与A行进行生意往来，对其他银行不加理睬。上文的分行行长年轻时曾被调到M公司附近的分行工作，也知道M公司只与A行往来这一情况。年轻气盛的他决心无论如何也要和M公司做成生意，不顾身边同事认为此事绝无可能的看法，毅然拜访M公司。起初，他见到的是一位负责相关业务的高管，被婉转地拒绝："……由于这个原因，我们公司只和A银行往来。"他不死心，第三天又去拜访。这次接待他的是财务部长，答案自然如出一辙。过了两天，他第三次去拜访，这次出面的是财务科长，依然是拒绝。再过两天，他继续前往，这回出来的是财务主任，同样是拒绝。又过了两天，他再次前往，这次没有任何人出来见他，他只好在前台留下名片，便离开了。从那以后，他每隔一天就去拜访M公司一次，不厌其烦地将名片留在前台。

"无论如何，也要和M公司做成生意。我们银行一定要成为第二家和M公司做生意的银行。"他满怀热情，一心一意，就这样整整坚持了三年。他坚持不懈的行为终于传到了M公司社长的耳朵里，社长被他的热情打动了。他终于成功拿到了M公司的业务，这使他所在银行的管理层和同事们都大吃一惊。顿时，他名声大噪，被称为"凭着三箱名片和不服输的精神成功征服M公司的人"，演讲邀请也从四处如雪片般飞来。他说："全靠贵公司的社长先生，我才能取得这样的成绩。后来我在银行内也得到了高度评价，这次才能顺利当上分行行长。我无论如何也想表达我的感谢，有劳您务必转达。"

这位分行行长拥有多大能力，我们不得而知。但是这个故事真真切切地告诉我们，"火一般的热情"才是工作的基础。**热情是工作和人生的第一成功按钮，**大家应该认真仔细地去体会这一点。

顺便说一句，那位高管听后，对他说道："那真是恭喜您了。虽然您说这是我们社长的功劳，但其实这一切更应该归功于您自身的实力。下次您就应该当高管了。"分行行长听了，连忙摆手不迭："哪里哪里，没有的事。我才高中学历，高中学历当上分行行长的，我是第一个。银行里至今还很轰动呢。"但三四年后，我听M公司的那位高管说："那个人已经被调到东京，在高层担任职务了。"

热情是一切的开端，热情创造能力，热情激发力量。如果失去了热情，能力就会腐朽、没落。

● 热情催生智慧，促人行动

拥有热情，智慧便随之而生。即使走进死胡同，也能想出打破僵局的办法。或者哪怕自己想不到，也会急中生智，去向更多人请教。人们常说，正因为极度渴望爬上二楼，人才想出发明梯子、建造楼梯，或集合众人之力搭起人梯。假如人们只是可有可无地怀抱"爬上二楼"的想法，智慧是绝对不会出现的。就算想出制造梯子的点子，也绝对不会动手去做。只有拥有"无论如何也要爬上二楼"的热情，才会想出计策，并让其充分发挥作用。"热情即生命"，请绝对不要忘记这一点。

● 怀抱热情，勤于实践，必能开花结果

谈起热情，爱迪生——就是那位被誉为发明大王的托马斯·爱迪生，他同样连小学也没读完。当时，人们认为他是个智商低下的孩子，连老师都放弃了他。但就是这个曾被认为智力有缺陷的人，在晚年被人们誉为天才。据说，听了这些赞誉，他的回答是："所谓天才，就是1%的灵感加上

99％的努力。"有人将这句话解释为"没有1％的灵感，哪怕付出99％的努力也是白费力气"，意思是努力固然重要，但要想取得成功，必须重视那1％的小小灵感。无论按哪种说法来解读，这句话都反映了爱迪生对努力和热情的重视，这是不争的事实。

爱迪生发明了白炽灯泡、留声机、放映机及其他为数众多的东西。毫不夸张地说，如今我们所用的电器产品几乎全部来自或改良自他的发明创造。然而，爱迪生自己却说，这些发明创造并非来自天赋或能力，而是努力、汗水和热情的产物。事实上，关于他如何以无与伦比的热情投身发明创造，如何勤奋努力的故事可谓数不胜数。据说，一旦他开始工作或实验，便会浑然忘我，失去时间概念，甚至到废寝忘食的地步。别人问他："您成功的秘诀是什么?"他的回答竟然是"不看时钟"。夜晚的黑暗严重阻碍了他的工作进展，对此他十分痛恨，据说，这正是他发明电灯的重要动因。一个在儿时被认为智力低下的人，最后却被誉为发明大王，这都是爱迪生一直怀抱热情、坚持努力的结果。

● **在追求能力之前先检视自身的热情**

或许，你会因为自认能力不足、难以成就事业而叹息。

当然，人需要具备一定的能力与才干。举个例子，在相扑运动员之中，能当上横纲的人都拥有得天独厚的体力和资质。另外，歌手之所以能成为超级巨星，也要拥有相应的能力与才华。可是，即便相扑运动员拥有出色的能力和资质，如果对相扑缺乏热情，没有充分训练，也无法取得卓越的成就。同样道理，身为歌手，空有天资，但缺乏战胜自我的热情和孜孜不倦的练习，又怎能成为著名的歌唱艺术家？

因此，在哀叹自己能力不足，或为自己的学历止步于高中而感到自卑之前，请扪心自问："我是否拥有火一般的热情？"这一点至关重要。只有拥有超乎常人的热情，你的事业才能走向成功。更重要的是，你的心才会变得充实，充满干劲。

十一、
要诚实

● **诚实带来信任**

做任何事都要满怀诚意，这十分重要。也就是说，我们必须诚实。社会是在信任的基础上运转的。做事越诚实，带来的信任就越巨大。**事业是否成功，人与人之间关系是否融洽和谐，最终都归结于做事的人是否诚实。**诚实是信任的基础。"信任之花开自诚实的种子。"

或许你听说过这个名字——第一代熊本藩藩主的武将加藤清正。

文禄五年（1596年），京都发生大地震，丰臣秀吉的伏见城崩塌，死伤无数。当时，加藤清正因为冒犯了丰臣秀吉而被罚闭门思过，但他说："哪怕之后被降罪，我也不能袖手旁观。"于是他带着家臣迅速赶到城里，护卫秀吉。这一举动令秀吉大为感动，消除了对他的怒火，他再次得到重用。据闻，清正晚年曾说："吾一生殚精竭虑，只为相人。

为此不惜学习面相，仍所获无多。唯一可言者，真之勇者多出自诚实之人。"我想，这是清正基于自身多年用人识人的经验所得出的结论，同时也是自己为人处世的心得。秀吉死后，天下人心逐渐归顺于德川家康，清正却竭尽全力地护卫秀吉的三儿子秀赖，使他顺利在二条城与德川家康会面。清正终其一生都不忘丰臣秀吉的恩情，为了丰臣家的平安鞠躬尽瘁，这正体现了他诚实正直的人格。读到这个故事后，我被深深地感动。也是因为这个原因，连德川家康也对清正的诚实忠厚钦佩不已。

诚实之人对人以诚相待，无处不尽心，活得堂堂正正，时刻拥有一颗赤诚之心（不虚伪的心）。玩弄计谋或耍弄手段，也许能取得一时成功，却无法长久地赢得他人信任，无论是在社会活动、工作还是人生当中，都无法取得巨大成功，甚至可能懊悔一生。清正后来为何未遭到德川家康打压，一直担任肥后国熊本城主？当然，部分原因是他在关原之战中站在了德川家康的东军一边，但我想更重要的原因是加藤清正一生谨守诚实的人生态度，让人信赖。

● **坚定地保护自己的立身之本**

诚实是工作的基本规则。既然如此，我们应该具体注意些什么呢？一是不要自毁长城，破坏自己的立身之本。这句话是什么意思呢？在自由自在的后台时期，我们想说什么就说什么，这在某种程度上是被接受的。有时你或许会夸大其词，以获得一些戏剧性的效果，而且这似乎还挺受欢迎，周围的人或许会认为你很幽默。因此你常常言过其实，企图把话说得招人喜欢，但事实上这只是属于后台的说话方式，或者说这种方式只能在后台发挥作用。

在真正的舞台上，如果你仍然信口开河，不明就里的观众会将这些话当作戏言吗？不会！观众会将这些话当作舞台上正在演出的重要台词，全部听进心里。再举个例子，假设你平时在公众场合喜欢一边喝酒一边说领导的坏话，其实你的本意并非想批评公司的管理人员，也并不真心认为自己的公司很糟糕，比如官僚主义严重或薪水微薄等。你只是想让气氛热闹一些，才讲得夸张一点儿。当时的气氛的确十分愉快，但是周围的陌生人却不知不觉将话听了进去。他们会想："原来他们公司那么糟糕。"旁人有这样的想法是很自然的，然而结果如何？在听到这些话的人当中，说不定就有某个人的孩子非常优秀。这个优秀的孩子在大学毕业找工作时，你的公司提前抛来了橄榄枝。他回家跟父亲商量："我想去那家公司工作，您觉得怎么样？"结果父亲坚决反对：

"我听那家公司的员工说过，公司内部乌烟瘴气，管理人员也没有水平，你还是别去了。"

这个例子或许有些极端，但事实可能真会如此：因为你的一时戏言，公司名誉遭到损害，与优秀人才失之交臂。若这样的事情一再发生，势必影响公司的长远发展。而这一切都应归咎于你的一时戏言，换句话说，你破坏了自己的立身之本。当然，这并不是说你不能对公司或上司提出批评，世上没有完美的企业或组织，也没有完美的领导，但既然要提意见，就应该堂堂正正、面对面地向管理者或上司提出。大家必须懂得，在酒场这样的场合为了讨好众人而随口说出的戏言常常会带来严重的后果。

● **绝对不要懈怠**

另一点，有人认为反正不必付出太大努力也能取得一定的成绩，所以在工作上做得差不多就可以了。这样的人谈不上诚实。偷奸耍滑，不肯流汗，对工作敷衍了事，或者随便找个理由把工作甩给他人——这样的行为算得上诚实吗？能赢得同事的信任吗？不愿努力的人能够得到周围人的好评吗？答案显然是否定的。我们要尽一切努力，满怀诚意，不怕辛苦——这种态度才会让大多数人留下"他/她是个诚实的人"的印象。诚实与全力以赴的精神将会给你的人生带来不可估量的正面影响。

职业棒球运动员一郎的成功源自其"真诚过好每一天"的人生态度，同时也是其每日认真训练的结果。他是一名"勤奋的天才"，而非"天生的天才"。虽然不知道他本人怎么看，但我是这么认为的。勤奋带来信任，所以他年过四十仍然能在美国职棒联盟中大放异彩。

要做到诚实，就要努力，努力又会进一步带来信任——让我们将这一点牢牢记在心里。

● **不要只考虑自己，要优先考虑别人**

要做到诚实，就应该注意不要以自我为中心。任何人在思考或行动时，往往都本能地以自我为中心。从某个角度来说，这是不可避免的，因为任何人都必须从自我出发，才能对事物进行思考。尽管如此，我们仍然需要试着思考："我的想法或行为是在为身边的人着想吗？是否会给其他人带来麻烦？"如果确实有给别人造成困扰的可能，我们就不要企图 100% 实现自己的想法，而是尽可能让对方得到 50%，自己也得到 50%。这么一来，周围的人就会认为"那个人很真诚""她十分谦虚""他值得信任"，最终我们也将意外地收获许多人的好意或协助。

不以自我为中心，而是真诚地为对方着想，多站在对方的立场思考，这也是工作的基本规则。

● 信守承诺，尤其要守时

另外，要做到诚实，还要重视信守承诺。要知道，社会中有一部分人是仅凭信守承诺这一标准来判断一个人是否诚实的。守时尤其重要。在后台的时候，无论是迟到 1 分钟还是 10 分钟都不会有太大问题。更不要说恋人了，即便迟到 1 个小时，对方也只不过抱怨或嗔怪几句"太迟了"，你们的关系绝对不会因为一两次迟到而破裂，对方更不会因此觉得"这个家伙是个不诚实的人，我要跟他绝交"。

但是，步入社会后，迟到经常会带来严重的后果。与缺乏清晰时间观念的后台不同，和你打交道的人时间安排得非常紧凑。如果你迟到了，别人不是笑骂一句"算了，反正你这个家伙成天迟到"就能了事的。严格地讲，说企业是以"秒"为单位运作也不为过。你的迟到会打乱对方的时间安排，因此不守时的人往往会被打上不诚实的烙印，并从那一时刻开始便失去了别人的信任。当然，有时我们难免遇到意外，不得不迟到。这时应该立刻联系对方，说明原因。在手机普及的今天，直接打电话进行沟通更显必要。仅凭一通电话，你就能给人留下"诚实"的印象，别人对你的信任也随之加深。

● 不在背后批评、中伤他人

不在背后批评别人，不说别人坏话，这一点也很重要。当面不说，背后乱说，甚至对他人进行中伤，这样的人所说的话，会有人一直相信吗？听八卦的时候，大概人人都会感到兴致勃勃。"啊，原来如此……"人们或许会这么想，但没过多久，他们便会不安起来，心想："这个人会不会在别人面前也是这样说我的？"这时，人们会突然觉得这个说别人坏话的人极不诚实，随之觉得此人不值得信任。背地里说人坏话，或于当事人不在的场合批评别人，很容易被烙下"不诚实"的烙印，失掉他人的信任。不背后议论别人，也不在当事人不在的时候对人随意评价，这是做到诚实的关键。

● 说到做到

说过的话一定要做到，这一点也很重要。一边说要和后台生活告别，一边却不守时，花钱大手大脚，不用心待人，这当然算不上诚实，也不会被视作值得信任的人。在工作中保持诚实，在人生中保持真诚，这便是工作的基本规则，也是成为职场达人的必要条件，万望大家铭记在心。

十二、

即刻响应

● **"即刻响应"是获得高度评价的基础**

"即刻响应"就像字面上一样，给人以干脆利落的感觉。一接到指令就应该即刻响应。无论工作还是个人生活，接到指令后立刻行动，这样才会出成果。这可谓工作的基本规则中最简单的一条。即刻响应，做出结果，接着报告结果。

为什么企业或组织会对其成员提出即刻响应的要求？因为无论是命令方、委托方还是提出意见方，对其所指示、委托或提出的意见均抱有强烈的关注。尽管在期限上有了一定约定，比如三天或一个星期后将结果汇报过来，但发出指令或委托的人心中难免牵挂："那件事做得怎么样了？进展到哪一步了？"再者，人在提出意见后，心中也在意对方是否真正接受。由于怀抱类似的担心，如果对方在自己指定或猜想的期限之前提交报告或结果，命令方或委托方便会想："做得太棒了！""真是个能干的家伙！"提出意见方也会暗中赞许你能虚心接受他人的意见。若是所做的工作超出预期，对方将给出更高的评价。身为上司，对下属超越自己期望的行为给予高度评价，这再正常不过。

前几天，我委托一位年轻的朋友做一项调查。因为是首次请他帮忙，我一直在猜想他大约需要多少时间完成。我觉得他大概要花好几天，而且不知道能完成到什么水平。可是第二天傍晚，他就打来电话："正式的调查结果我立刻寄给您，首先向您报告一下调查的概况。"我又惊又喜："咦!? 已经做完了吗?"连忙又问："调查结果如何?"对方答："结果是这样的……另外补充一下，有这样的情况……建议您对某某某多加注意。"他甚至主动给我提出建议。我只是想了解一件事，所以请他做调查，可他次日傍晚便给我回音，而且还给出了建议，我不禁想："这个年轻人真厉害，真有才干。"于是，我暗自决定，以后有业务一定要交给他，有什么问题也可以找他商量。

● **反应速度必须出人意表**

一位年轻的业务员四处拜访客户。当他拜访某企业时，那家企业的社长对他大发脾气："客户对你们公司的产品恶评如潮。之前看你说得那么好，以为不错才进了货，结果客户使用后说很不好用！我自己也用了一下，发现客户的话果然不假。你自己用过吗？光靠耍嘴皮子做生意，这是你们公司社长教你的吗？真是太难用了，把产品设计得这么复杂，你们公司太自负、太狂妄了。回去告诉你们社长，把东西设计得再简单一些！"社长劈头盖脸对业务员一通数落。业务员被骂得满头大汗，慌忙回到公司，将这一反馈如实向社长汇报。社长立刻说："我马上去见见那位社长。"于是立刻带着业务员去拜访那家企业的社长。他深深鞠躬，郑重道歉，向对方做出解释与承诺，表示一定会加以改进。这次轮到那家企业的社长吃惊了。"哎呀，我做梦都想不到贵公司的业务员会马上将我的话原样转达给您，您还马上赶来道歉。真是不好意思，是我失礼了。"他反而向这边的社长道歉。

　　事后，同行的业务员说："两位社长像比赛一样，轮流向对方鞠躬致歉。"这件事此后成为双方的谈资与玩笑。据说，自从这件事之后，客户的业务量超过了从前。在这个事件中，业务员立刻作出反应，而收到报告的社长亦迅速作出反馈，最终将事故变成了故事。换言之，可以说把"怒火"变为了"欢笑"。如果这位业务员因为对方的话很难听而踌躇不决，过两三天才汇报，甚至不汇报，那么结果将变成怎样？又或者，社长收到报告后，没有马上处理，而是想着数日后和对方见面时再向对方道歉，而非即刻响应，想必形势不会有如此一百八十度的逆转，也无法得到好的结果。

● 经营也需要即刻响应，追求速度

撰写本书时，我收到一个快递。快递业务源于大和运输公司小仓昌男先生于 1976 年创立的"宅急便"，那是日本首个民营私人包裹投递业务。后来，快递迅速发展，直至今天的规模。2016 年，快递包裹数量高达 40 亿 1861 万，和前一年相比增长 7.3%（据日本国土交通省调查统计）。日本有 5 家大型快递公司：大和运输的宅急便、佐川急便的飞脚宅配便、日本邮政的邮 PACK、西浓运输的袋鼠快递、福山通运的福通宅配便。加上其他 16 家，一共有 21 家快递公司。为什么快递业务能在短短 40 年间高速增长，运输的包裹数也不断增加？固然是因为服务周到、方便安全，但最大的原因还是快捷。

过去，邮政省辖下的邮政包裹只能交给以前的国营企业日本通运公司运送，除此之外别无他法。连包裹的包装方式、贴货运标签的位置都被规定得死死的，加上官僚作风盛行，服务态度恶劣，给用户造成了不愉快的使用体验。更糟糕的是，寄包裹的人不知道包裹什么时候才能寄到，一般要四到五天，有时需要一个星期。我记得，有一次接到母亲打来的确认包裹寄出的电话，结果过了两个星期，包裹还没到，母亲也感到十分无奈。但是，如今包裹次日便能到达。即便距离遥远，也只需两天便能送达。快递服务做到了"即刻响应"，即立刻送达。如果快递仅仅做到细致准确，但无法保证送达时间，或必须花上五天十天，那么，快递市场绝对无法扩大到今天的规模。"即刻响应"是对快递业务提出的刚性要求，快递公司各岗位的员工和经营者不得不为了尽快满足客户需求而殚精竭虑，思考如何实现作业流程的自动化、智能化。因此，快递事业才能蒸蒸日上，快递企业才能冲出日本市场，成为国际化企业。

● "能干的人"工作起来又快又好

上司将工作交给部下，部下却迟迟没有反馈，既不主动联络上司，也没有任何反应。有时候时间已经超过规定期限，但别说汇报，连一丝音信也没有。上司心中正隐隐不安，部下来汇报了。然而，上司一边听汇报，一边难免心中嘀咕："这家伙工作速度太慢。"不管汇报的内容多么精彩，上司都无法产生提拔这名员工的想法。上司听完汇报，望着部下走出办公室的背影，再次暗想："工作效率真低，太不麻利了。"要知道，被称赞"能干"的人，不仅事情做得好，而且速度很快。

举个例子，写感谢信也是同一个道理。你和一家企业的来访者见面了，大概在第二或第三天，很快收到来访者寄来的感谢信。甚至会见结束不到一个小时，对方就发来了一封简单的致谢邮件，内容是"感谢您拨冗会见"或"本次承蒙您抽空接待并给我及时的指导，非常感谢"。"反应真快!""本来想将这次谈的事先放一放，如今看来，不妨积极地推动一下"，类似的想法会在你心中油然而生。这是因为谈话刚结束，你对谈话的内容尚拥有较深的印象。当然，并不是说快速发出感谢信，业务就一定能谈成。但是，根据实际经验，及时发出感谢信往往能带来商机，甚至促成买卖的成立。正所谓"次日的电话强胜于一个月后的信件"。

● 从古到今，胜负往往取决于速度

"即刻响应"往往成为决定胜负的关键，从古到今，这一点从未改变。

丰臣秀吉包围备中国高松城（今冈山县）时，截断水道，与毛利军中的清水宗治部队对峙。正在此时，即天正十年6月2日黎明，京都发生了"本能寺之变"。明智光秀突然起兵，杀害了织田信长。丰臣秀吉在6月3日晚至4日清晨之间闻得消息，装作若无其事，但即日便以"清水宗治切腹自杀"为条件，与毛利军和谈。次日，即6月5日，他洞悉毛利军的动向，6日从高松城突然折返，在本能寺之变发生后的短短11日后，也就是6月13日，与明智光秀在京都山崎形成对峙之势。这就是史称的"中国大返攻"。

高松城距离京都山崎200公里。据说秀吉军一日行军70公里，以令人难以置信的速度赶到山崎。200公里大概相当于从东京到静冈县藤枝的距离，如果驾车走东名高速，也需要3个小时。当时秀吉军有两三万人，而且在那个时代，全靠步行，这样的速度真可谓快如闪电。明智光秀料不到秀吉的速度如此之快，在短短11天内便能折返，于是在杀死信长之后，四处游说地方大名站在自己这一边。然而，此时秀吉突然出现，以迅雷不及掩耳之势发起进攻，将光秀杀个措手不及。众所周知，光秀很快战败，后来逃至京都山科一带，被专门袭击落败武士的土民用竹枪刺成重伤，最后自杀身亡。

不仅是这一次，可以说，丰臣秀吉的胜利大多取决于速度。当情况发生变化时，要即刻响应，这是取得胜利的一个——不，应该说是最重要的因素。

● "即刻响应"的人做事游刃有余

"即刻响应"的人工作速度很快，能一件一件不断处理任务，因此他们在工作中常显得游刃有余。说得极端一些，他们手中总有空当接受新的任务。他们虽然看似繁忙，面对接踵而来的工作却能表现得从容不迫。人们常说"工作要交给大忙人"，就是这个道理。反之，对工作没有反应或迟迟做不出反应的人，由于处理不及时，结果任务堆积如山。如果将工作交给这种人，根本不知何时才能完成，说不准得等上好几个月。不管怎样，**"即刻响应"的人必将成为胜利者**。"即刻响应"是工作的基本规则，或许大家也是这么想的，但保险起见，我在此特意再书一笔。

十三、
听懂重复的话

● **重复的话必有其意义**

当听到他人一再重复同样的话时，我们难免有一种"又来了"的厌烦感。有这种感觉是人之常情，但是这么想对吗？我不敢苟同。**上司或阅历丰富的人之所以重复相同的话，是在提醒你身上有值得注意的地方。**正因为讲了好几遍，你都没有理解个中真意，他们才会一而再再而三地强调。有人经常抱怨上司总是说同样的话，其实那正是他自己屡教不改的证明。

上司为什么要重复同样的话？对这个问题，我们应该仔细思考，而不应随口抱怨。这么做无异于向周围人展示你自身能力的薄弱。**我们应该成为从不让领导提出相同意见的下属，这便是工作的基本规则。**有一家企业的创始人（后来做了该企业顾问），不管他讲多少次，接班的社长都不理解他的苦心。他强调，公司的经营理念是一切的根本，要把经营理念更彻底地在企业中落地。社长却轻描淡写，不以为然："在现今这个时代，还说这些恐怕有些落伍吧。咱们公司可是跨国公司，况且员工们对经营理念早就理解了。"于是，创始人只能一而再再而三地重复同样的话。时代的变化可谓以分秒计，如果不将经营理念彻底渗透整个企业的管理之中，让全体员工真正理解，企业将迷失经营的方向，失去生存的根本。然而，社长完全不理解创始人的良苦用心。

有一句谚语叫"千里之堤，毁于蚁穴"。巨大的堤坝只要有了一丝裂缝，就会瞬间决堤，造成洪水泛滥。所以，在当今这个时代，更有必要加强经营理念的渗透。创始人对社长提出了强化理念的要求，迟钝的社长却完全没有领会。因此，身为企业顾问的创始人才不厌其烦地将同样的话重复了一遍又一遍。结果不出创始人所料，数年过后，这家企业在短短两年间出现了一万五千亿日元的亏损，从此败落。假如当时社长能明白创始人重复说相同话的原因，也许就没有数年后的巨额亏损，企业也不会因此一落千丈。可见听懂重复的话有多么重要。拥有这种能力，才能懂得如何成为职场达人。

● 一个人反复讲一件事，代表他对这件事最关心

当然，有时即便认真听从上司的指令，做出成绩，得到上司的好评，也难免会被上司反复叮嘱。这些叮嘱并非命令，上司却反复地讲。这时，如果我们想"又来了"，那么将无法超越上司的期望。一定要意识到，反复叮嘱的事即为上司眼前最关心的事，能否超越上司的期望，取决于是否能理解这一点。

事实上，人人都反复强调自己最关心的事。比如，你的朋友买了一辆车，你问他买这一车型的理由，他势必反复强调这款车坐起来有多舒适。我想不少人有类似的经历。上司反复说相同的话，意味着这些是他当下最关注、最感兴趣的事情。当你和他在非工作场合闲聊时，也不妨多谈论相关的话题。你可以直接提出这些话题并往下追问。在执行新任务时不妨抓住这个窍门，汇报工作时，牢记上司最关心的要点，围绕要点进行汇报，提交工作报告时也同样如此。这也是在工作中"多做一点点"的含义所在。即使上司没有吩咐，汇报工作时也要超越其期望。只要能做到这一点，你就会得到上司的好评。上司心里一定暗想："这个部下真能干!"如此日积月累，你的工作能力很快就会得到很大的提高。

● 随着个人成长，对相同的话会有不同的理解

另外，我想在"相同的话"这一条上补充一点。如果因为今日听到的话与昨日相同，你便感到不耐烦而大皱眉头，那么你需要意识到自己身上缺乏成长的激情。每一天都要做到"日日新"。如果心灵有所成长，即便相同的话听在耳朵里，感受和理解的含义也会大不相同。

不知道大家小时候是否听过儿歌？以前的孩子都是听着童谣或儿歌长大的。童年时代，孩子们都天真无邪，熟记并唱着这些儿歌。举个例子，有一首野口雨情作词的儿歌《七个孩子》(本居长世作曲)，或许大家也曾听过。这首歌开头的歌词是"乌鸦为何在哭泣？因为乌鸦在山上有七个可爱的孩子"。小时候，我一边唱歌，一边想象着山上鸟巢中的母鸟和小鸟。但是，长大成人后，我突然产生疑问，这个"七"是指七只小鸟，还是指七岁的小鸟？[①] 就是说，即便是同一首童谣，孩子和成年人理解和关心的地方也截然不同。另外，我研究过许多童谣，发现不少童谣的内容相当血腥，所用的词汇甚至可以用恐怖来形容。比如，《晴天娃娃》中的第三句——"晴天娃娃，晴天娃娃，给我一个好天气。如

_____

① 日语中"七个"和"七岁"为同一个词。

果你给我一个阴天，我就要把你的头咔嚓一下砍掉。"但是，在儿时，我们都毫不在意地唱着诸如此类的歌词。可见，即便是同一首歌谣，只要心情、兴趣和关心点不同，就会看见迥然不同的另一面。

不仅童谣，小说也同样如此。例如，我曾在高中时读过一遍夏目漱石的《心》，感觉像在读一本推理小说。但多年后重读这本书，我注意到的是其中描写的人性的自私和脆弱。最近再读，书中所展现的苦闷、纠结、悲哀和寂寥，在我脑中盘旋不去。尽管内容一样，但随着年纪增长，每次重读夏目漱石的《心》，我的感受都会发生变化。

写了这么多，总而言之，请你明白，当听到同样的话语或指示时，你却没有任何新的理解，这便意味着你并没有成长。或许你会想，短短的一天能有多大改变？但是，早晨的百合花尚是坚硬的花苞，下午却完全绽放，更何况心灵之花往往瞬息万变，瞬间便能成长，灿烂开放。即便是同一句话，每次听在耳中，都要努力有更深的理解；都要刻苦钻研，更深地把握事物的本质。长此以往，你就向着职场达人之路再次迈进了一步。再者，尽力理解事物的本质，正是工作的基本规则，请务必牢记在心。

十四、
讲话要客气

● 为什么讲话不客气招人讨厌

有些年轻人说，为了拉近与别人的距离，表示亲昵，讲话不必太客气。可是，小组织姑且不论，在一定规模的组织当中，如果说话不注意，就要做好遭到资深同事和上司无视或训斥的准备。现今这个社会，不只年轻人，连一些年纪较大的人对"为了拉近距离，讲话不必太客气"的论调也颇为赞同。这些人实际上心中往往存有虚荣心或自卑感。与其说拉近距离，不如说只有那些自觉低人一等的人，说起话来才会毫不客气。有人对初次见面的人这么说话："喂，你是干什么的？""啊？哦，是啊。""别人来求我，我没办法，只好糊弄一下。""我可不一样。啊？你不明白？"不顾对方礼貌的问候，仿佛想压对方一头似的先发制人，用高高在上的语气说话。其实对方对这种态度已心生厌恶，当场敷衍过去，之后却一定会想："再也不跟这种人见面了。"甚至可能产生

"不要跟这个人所在的企业做生意"的想法。

像这样不客气的说话方式存在的时间并不长。在 20 世纪 60 年代，这种说话方式可谓不良少年的特有标志。也就是说，不论老幼，只要说话不客气，就被视作模仿不良少年。顺便解释一下"不良少年"这个词。这个词现在已经不再使用，一些人或许并不了解。按照词典解释，"不良少年"就是"从事不良或违法行为的少年，由于特定缘由，以其性格和生长环境来看，未来有可能犯罪或触犯法律，即有犯罪倾向"。

● 在注重礼仪的日本，不客气的说话方式是行不通的

未来你可能一飞冲天，在社会上大展拳脚。在此，我想阐述一下不客气的说话方式将如何妨碍你走上职场达人之路，尤其是第一次见面，你对对方的身份、立场和思维方式一无所知。先不谈好坏，礼貌与谦虚是日本社会的基因，许多人都深受这一文化的熏陶。人们常说长幼有序。或许受到儒教"五伦八德"的影响，圣德太子的《十七条宪法》中，第四条便是"以礼为本"。"礼"可以说是代表日本的精神之一。伴随着"礼"，"恭敬""谦虚"自然深深扎根在日本人

心里。因此，在日本的组织中，不客气的说话方式是行不通的，想必大家都很清楚。

"最近你交给我的那件事，我试了很多次，还是做不来。是你的指示太含糊了吧。明明按照你说的去做了，但时间还是不够。真是的，我不干了，你找别人吧。"一位 55 岁退休后创业的经营者，成立了一家企业，研发比铁坚硬数倍的塑料。他告诉我，他的一名年轻员工竟然用这种语气对他说话，令他大吃一惊。

"我吓了一跳，第一次有人这么对我讲话。在以前的公司里，我从没遇到过这种事。我现在很苦恼。"他说道。

我听了也暗暗吃惊，没想到竟然会有这种年轻人。我忙问："您苦恼什么？"

他喃喃道："我在想是不是应该让他辞职，但他才刚进公司。面试时，我的确觉得他的说话方式有些奇怪，但无奈迟迟招不到人，所以……"

"我该怎么办？"他问。

"我觉得，还是让那个人马上辞职比较好。因为将来他会成为新员工的前辈，如果后来的员工受他影响，公司的风气就会变差，在社会上也会遭到恶评，失掉信誉。您好不容易才创业，万一在防守阶段便遭到失败，就会有破产的危险。"我对他说，于是社长下定了决心。

几个月后，我再次遇到那位社长，问及此事，他说已让该员工辞职。

"后来怎么样？"我问。

他欢喜地答："很有意思，我很快就招到了不错的人才，不知是不是碰巧。现在公司虽然只有八个人，但客户对我们很信任。托您的福，虽然速度不快，但业绩在不断增长。"

● 礼貌是工作的起点

我们说话不客气，或许是为了拉近与他人的距离，显得亲近。但即便如此，至少在组织当中，面对上司，不论在任何场合，都不能用不客气的方式说话。还有，对刚刚认识或初次见面的人，一定要使用礼貌用语。打招呼时，也应该郑重恭敬地使用敬语。说话要礼貌、谦虚，这是和他人初次见面时应有的规矩，这样至少不会有人因为你的态度而心生不快。相应地，对方也会客客气气地和你交谈。之后随着双方逐渐熟悉，在恰当的场合可以使用较为亲近的说话方式。如此交流数次，彼此便会熟悉对方的性情。这时根据实际情况，适当使用更为随意的说话方式是被容许的。

讲话礼貌，是漂亮地做好工作的起点，说话不客气则是使工作失败的根源。根据我的经验，这是千真万确的。要想成为职场达人，就应当做到言辞恭谨。

说起礼貌，著名的"野兽阿武"① 曾警告过一个讲话没大没小的年轻艺人，此事一时成为热门话题。北野武先生大声呵斥对方："开什么玩笑！叫你的经纪人来！你以为你在跟谁说话！从没见过你这样的无礼之人!"他这样发火是理所当然的。我发现不少年轻人讲话都很不客气，不知他们是不是不懂得做人最基本的规矩。称呼别人时也要同样注意。如果年轻艺人敢不用尊称，直接喊北野武先生"野兽阿武"或"阿武"，想必不用北野武先生张口，节目导演便会立刻痛斥他，瞬间让他从演艺界消失。同理，若是轻浮的年轻相声表演者敢直接称呼相声艺术家柳家小三治老师"小三治先生"或"小三治"，他也必定会在相声界销声匿迹。

讲话要注意使用敬语，这是工作的基本规则。随意而不客气的说话方式绝对不可取。

---

① 即北野武，1947 年 1 月 18 日出生于日本东京都足立区，日本导演、演员、电视节目主持人。

十五、
想在上司的前面

● **事先洞察，轻松应对**

"他/她很能干。"这是上司对员工的常用评价语。所谓能干，就是接到工作后能将事情做得又快又准，而且从容不迫。接到任何工作都要先听从上司的指示，再揣摩指示的用意，无论任务简单还是复杂，都事先洞察，多做一点点，这才是能干的人。归根结底，能干与否，关键在于是否具备洞察力或预见力。

接到一件工作或从上司那里得到一个指示，应该如何迅速而深刻地理解个中含义，从而洞察可能产生的若干结果？假设被吩咐"1"，你自然会点头说"明白"，但不能做完"1"就算了，还要洞察后续可能出现的风险或问题，思考相应的对策。谚语有云："闻一知十。"在工作中必须具备"闻一知十"的意识，这一点极为重要。

● 工作围绕着能干的人开展

一般来说，学校的课程安排基本上是以学生的平均水平为准的。过去曾经有老师过于中庸，给全班学生都打了"3"分，结果引起全社会的议论和指责。这是一个极端平均主义的例子。但是，一个班级大约 40 个人，除去前 5 名和末 5 名，老师必定是以中间 30 人的理解水平为标准进行授课的。尽管授课内容对于前 5 名的学生而言太浅，却能服务于占大多数的 30 名中等程度的学生。

企业却完全不同。在商业社会，工作不会迁就平均水平的中流员工，而是围绕高水平的人才开展。行业竞争激烈，如果企业按照员工的平均水平经营，就无法在竞争中生存。企业的"课程"必须围绕着高位人才推进，请各位明白其中的残酷之处。

● 先完成他人吩咐的工作，然后洞察

分析领会上司的指示，即刻行动，然后充分开动脑筋，洞察下一步要做的工作，这一点至关重要，是成为职场达人的必要条件。

上司给你一个指示："我要去拜访客户。这次会谈必须成功。你跟我一起去，顺便帮我准备一些资料。"听到这个

指示，想必你会竭尽所能，将资料整理得精确简洁，方便上司讲解。你把准备好的资料交给上司。上司看完后，抬起双眼，透过眼镜上方看着你，满意地说："干得不错。嗯，这些资料足够了。讲解到这个程度，对方的决策人应该会在合同上盖章了，谢谢。"这时，你若是有"太好了，上司很满意，之后我只需要等着陪他去拜访客户"的想法，那么，即使你算得上合格，也绝对称不上优秀，因为你没有抓住工作的基本规则。尽管你完美地完成了上司交代的任务，令他满意，但你不具备事先洞察的意识，没有想在上司的前面。

不能为了完成工作而工作，而必须领会上司说的"这次会谈必须成功"的含义。为此，仅仅准备资料是不够的，你还需要反复思考："哪怕资料准备得再周全，会谈仍然出现困难怎么办？"这就是事先洞察，考虑"谈不成的风险"。在准备阶段就要充分考虑会谈不顺利的风险，并积极思考相应的补救方案或办法。虽然这已经超出了上司的指示范围，但一旦上司问及，你就能立刻提出预案。这样的工作方式就是"想在上司的前面"，是工作的基本规则。

● "事先洞察" 的好处

一位曾经在船场①自行车店当学徒的人给我讲过这么一个故事。

顾客和店主聊得高兴时，常常会叫学徒："喂，去给我买包烟。"于是学徒飞快地跑到烟草店买来一包烟。这样的事情几乎每天都会发生，每当这时，学徒手里的工作就会被打断，他感到很麻烦。"既然如此，干脆一口气买上十包，存放在店里好了。"学徒心想。而且当时的烟买十包赠一包，也就是说用十包烟的价格能买到十一包烟。于是，每当顾客吩咐去买烟时，学徒立刻答应："好的，给您。"说完拿出一包烟递过去。他笑着对我说："顾客非常高兴。"接着说，"而且我还能多得一包烟，既省了跑腿的麻烦，又能赚到零花钱，何乐而不为？"他的行为也是在工作中洞察先机的体现。这个学徒没有采用过去花时间跑到烟草店的办法，而是想在顾客前面，一次性买了十包烟，结果一举两得。这件事发生在他十二三岁时，他当时年纪轻轻，就能想得如此周到，不由得令我心下佩服。

众所周知，丰臣秀吉曾名木下藤吉郎，他 17 岁时做过

————————————

① 大阪市著名的批发街。

94

织田信长的随从。起初，他的任务是保管信长脱下的鞋。在一个寒冷的冬天，信长要出门，藤吉郎把草鞋整整齐齐地放在信长脚下。信长把脚伸入草鞋中，感到里面暖暖的，立刻愤怒地瞪着藤吉郎，大喝："你这家伙！竟敢把我的草鞋垫在屁股底下!? 饶不了你！"藤吉郎忙解释道："不是的不是的，小人不敢。大人在这样寒冷的天气出门，脚一定很冷，因此小人将鞋放入怀中暖了暖。"说罢敞开胸前的衣服，只见他的怀里还沾着鞋上的沙土。信长见了，说："今后继续好好干。"说完就出门了。

　　或许大家都听过这个故事。当然，这个故事也可能是后人杜撰的，但它说明了什么是洞察先机，想在上司前面。一个保管草鞋的人，在主人出门前将鞋子摆放整齐，已算很好地完成了职责，但仅仅做到这一步，不过只是合格。想必当时秀吉的行动给信长留下了深刻的印象，这一点从后来信长对秀吉的宠信可以判断。**在工作中做好洞察并采取有效的行动，就可以像年轻的秀吉一样，给上司或同事留下深刻的印象。**要想成为职场达人，就必须具备这一基本意识。

● 要想做出成绩，需要的不仅是技术

　　日本马拉松界曾经有一位万众瞩目的运动员。他不仅在日本，在全世界也是大名鼎鼎的一流运动员。比赛时，他一般先紧贴领头的运动员，如果有新领头者出现，他会马上跟上新的领头者。最后冲刺时，他猛然加速，超过领头的选手。整个过程中，他令观众捏一把汗，最后却凭着干脆利落的胜利令人们欣喜若狂。他曾参加过一档电视节目的录制，在节目当中，采访者向他提出了下面的问题："平时的训练中，您有没有挨过教练骂或者被警告？"他立刻回答："我从来没有挨过教练骂，也没有被警告过，因为在训练时，就连教练没想到的我都事先想到了。"

人们对这番话的反应各不相同。至于我自己，这个回答令我心中一动。记得当时我感动地想："这才是超一流的跑者。"事无巨细都需要教练一一提点，否则就不知道该做些什么；或者即使知道该做什么，却迟迟不行动，这样又怎么能功成名就呢？体育界常有"天才运动员"的说法，但所谓"天才运动员"的成功并非取决于体能或技巧。这些运动员通常都拥有预见能力，能提早为可能遇到的问题或突发的状况做好准备或想好对策。以这样的方式开展事业或面对人生的方方面面，势必取得巨大的成功。这位一流马拉松运动员的话，明明白白地告诉了我们这一条工作的基本规则。

● 时刻在脑海中模拟演练

补充一下，为了具备充分的洞察力，我们必须不停地思考：这件工作的下一步会如何，按照现在的进度何时结束，结束后又该如何行动……当事情进展不理想，无法取得成功时，应该怎么办？当时间来不及时，应该采取什么对策？我们要不断地思考下一个可能或风险，在脑中反复模拟演练。

2018 年，将棋选手羽生善治先生成为日本将棋史上的"永世七冠"① 第一人。他和连续两次获得七大头衔的围棋选手井山裕太先生共同获得了荣誉国民奖。对他们创下的辉煌成就，我深表赞叹，毫不吝啬地送上热烈的掌声。羽生先生身边的人常说："他在落子前已经想好了后面的一千步。"还有人说，他并非想好了一千步，而是想好了一千条道路。一千步也好，一千条道路也罢，在我们这些外行人看来，都非常了不起。也就是说，棋手必须在专注于当下每分每秒的同时推演棋局，走出正确的一步。同样，井山先生在落下每一颗棋子时，也都事先经过充分的演算。

换句话说，为了有事先洞察的能力，必须提前做好模拟

---

① 日本将棋界中，将"名人、龙王、王位、王座、棋王、王将、棋圣"七大永世称号全部收入囊中的人，称为永世七冠。

演练，然后根据对方的反应，重新模拟。如此在脑中反复进行周密的推演，才能成为将棋或围棋高手。由此可见洞察的重要性。我们要像他们一样，不仅完成眼前的工作，还要时刻思考即将发生的事。更重要的是，对上司的指示要事先洞察，凡事想在上司的前面，这才符合工作的基本规则。

十六、
设定目标

● **"目标"是充实人生必不可少的条件**

设定目标十分关键。没有目标，人生就不可能充实。人生是一条独一无二、不可重来的单行道，选择哪一条道路当然属于个人自由，但是无论选择哪条道路，倘若没有目标，人便活得庸庸碌碌，索然无味，甚至不知何去何从，宛若迷途之犬，踟蹰徘徊，根本无法过上充实美满的日子。缺乏人生目标，人在临终时将倍感遗憾，要么自怨自艾"活得无聊"，要么哀叹"一事无成"。没有目标的人生是空虚的，这是我的切身体会。

若想人生的道路走得充实、满足和安然，就必须找到属于自己的明确目标，并朝着目标全力奋进。同样是人生，希望大家不要误入昏暗无光的歧途，而要堂堂正正地走在光明大道上，尽可能找到目标，令更多人快乐，为他人做贡献。

● 坚定地朝着目标迈进

如果你对工作感到厌烦，时常觉得空虚寂寞，其中固然有上司或公司的问题，但恐怕更多的问题出在你自己身上。我听过一句话："与其抱怨漆黑一片，不如动手点上明灯。"人之所以失掉干劲，内心空虚，原因往往在于自身。我想，之所以如此，大部分是因为你自身缺乏明确的目标。倘若仅仅一板一眼地按照吩咐完成上司交代的工作，得出他人要求的结果，不久你就会心下空虚，开始怀疑自己每天工作到底是为了什么。

目标不必如"改变世界""拯救人类"一般宏伟浩大。可以只是身边小事，比如"早睡早起"或"工作失败时决不责怪别人""五年内拿到博士学位"等等。换言之，必须将"愿望"转化为清晰的"目标"。确立目标，然后毅然朝着目标奋进，一心一意，坚持信念，持续努力。完全不必在意他人的评价。我们虽不是胜海舟①，但同样可以"毁誉他人意，只字不沾身，与我何干"（别人爱批评是别人的事，与我无关）。"想批评的人请随意批评"，以这种心态坚定地向着目标迈进。就这样，你的工作美学和人格魅力随之诞生。

----

① 明治幕臣，江户末期的政治家。

你将打动更多人，逐渐成长为名副其实的职场达人。

● 目标将为你带来最出色的活法

江户时代中后期，伊势的宇治山田有一位月僊和尚（1741～1809），他擅长丹青，其画作的价格在现代居高不下。但是，这位和尚当时名声不太好，据说是因为他太贪财的缘故。每次画画，他都张口要钱。当时的画家极少主动要价，就连大名鼎鼎的池大雅①在贫困交加时也不曾标价出售自己的画。然而在那样的时代，月僊却张口要钱，提出只要对方出到自己要求的价位就肯画，反之就不画。他这样的行为必然遭到人们的诟病，他逐渐被称为"乞丐月僊"或"贪心和尚"。但是月僊从不把别人的评价放在心上。他依然故我，张口就说"给我钱我就画"或"给我五两银子我就给你画"。

有一次，一位艺伎恶作剧，想羞辱月僊。她对月僊说："我给你五两银子，你给我画一幅。"月僊一口应承。艺伎本来就想整一整月僊，所以当接到月僊"画完了"的消息时，她趁着举办宴会接待主顾的机会，让月僊将画送到宴会上

---

① 日本 18 世纪画家、书法家。

来。月僊带着画来到举办宴会的地方，艺伎却佯作不知，不论月僊如何招呼，她依然低头拨弄三味线，看都不看他一眼。于是月僊走过去，将自己的画挂在壁龛里。然而艺伎仍然继续弹三味线，对月僊不理不睬。月僊无奈，只好说："我按照您的要求把画画好了，劳驾您付我五两银子。"艺伎听了，突然停下弹琴的动作，大骂起来："五两、五两，你这个烦人的和尚！"随后，她走到壁龛前，将月僊刚挂好的画一把扯下，说："我的底裙都比你这个贪心和尚的画有品味。"说完卷起和服下摆，抽出底裙，将它挂在壁龛里。宾客们看了，哄堂大笑。但是月僊面不改色，坚持索要五两银子。艺伎骂："真是个厚脸皮的和尚！喏，拿去吧！"骂完将五两银子扔在地上。银子在屋中四散滚落，月僊却不以为忤，一边道谢一边将银子一一拾起，放入怀中，扬长而去。

此事很快传开，传到了江户时代最具代表性的文人画家池大雅耳中。池大雅有一次因事来到伊势，见到月僊。他劝月僊："你既然工于丹青，画技精湛，又何必张口闭口谈钱，为贪欲所迷。如此你的画可是会掉价的。"月僊听了，慢慢坐直身子，神色凛然。他平静地说："事实上，我发了三个愿（相当于目标）。为了实现愿望，我需要钱。大多数画家都希望得到好名声，提高自己画作的价值，而我为了实现心愿，只想尽可能多存一些钱。"

月僊的三个愿望是：

一、他的师父发愿重修寺庙大殿，但始终无法得偿所愿，最后郁郁而终。不管怎样，他都想替师父实现心愿。

二、从下面的神社到伊势皇大神宫参拜的途中有面陡坡，道路十分难行，他想请人铺路，让来自各地的参拜者走得安全轻松一些。

三、伊势有许多乞丐，他想把卖画所得的钱财分给他们，哪怕一个两个也好，让他们能够重新做人（即靠劳动谋生）。

听了月僊郑重讲完的三个愿望，池大雅不由深受感动，毕恭毕敬地离开了。

● 只有确立目标，才能明确当下行动

一旦确立目标，我们就会像月僊和尚一样，迸发出勇气和魄力。不仅如此，更为关键的是，我们会明白当下的任务。由于许下了三个愿望，月僊非常清楚当下应该做什么，因此他的心不会迷茫。他能目不转睛地盯着目标不断前进，生出"虽千万人吾往矣"的坚定意志。长此以往，不仅能获得自己想要的结果，还将赢得众人的好评，甚至还会给人留

下深刻的印象，在任何场合都得到重用。

补充一点：若想设立目标，朝着目标前进，首先必须明确设立目标的目的。如果不弄清这一点，人一定不会为了实现目标而竭尽全力。一旦缺少强大的动力，实现目标的意愿很快就会自然衰减。因此，明确目标设立的原因非常重要。而且，为了达成目标，需要考虑制定什么计划，采取什么方法，按照什么步骤，以怎样的节奏来推进。这些方法、步骤、节奏非常重要。

总而言之，设立目标至关重要，但是仅有目标还不够，如果不明确设立目标的目的与实施方法，而且没有针对目标的计划、步骤和节奏，那么即便设立了目标，也不可能实现。

当你能熟练自如地按照这种方式行事时，便掌握了工作的基本规则，成为自己和他人均认同的职场达人。**设立目标是为工作和人生的航行明确目的港。**没有任何船舶会在目的港不确定的情况下胡乱起航。请大家务必设立目标，在事业和人生的海洋中稳健航行。

十七、
持有信念

● 有信念的人容易得到别人的认同

"信念和坚持是万能的"，这是麦当劳创始人雷·克拉克的名言。信念是我们从事某一事业的基准轴，也是人生的基准轴。若想在工作中取得成功，就必须深刻地理解这一点。若想人生无悔，就绝对不能在信念上妥协。我们用"信念"这一强大的标尺来衡量自己的一言一行。明确地持有信念，在工作中迎接挑战，只要这么做，你就能成为一个拥有信念，不唯唯诺诺、人云亦云的人，也将因此得到他人的认同。在工作中坚持信念，有时的确可能会使我们遭遇种种辛酸坎坷，但是坚持信念的人必将最终登上最高领奖台，接受掌声与喝彩。

● 270 年前的信念拥有者

谈到日本的行政财政改革，必然会提到上杉鹰山和恩田木工这两位历史人物。上杉鹰山另找机会跟各位讲，在这里我想谈谈恩田木工。1750 年前后，正是第九代将军德川家重执政时期。信州（即现在长野县）松代藩家臣贿赂成风。不但如此，千曲川遭受了严重的洪水和地震灾害，藩内财政极度窘迫。16 岁的藩主真田幸弘任命 39 岁的恩田木工负责藩政改革。恩田木工自是推辞不迭，但幸弘说："藩中的穷困在全幕府无人不知，即便你力有不逮，财政改革不成功，也不会归咎于你。现在就推辞，倒显得你不忠了。"幸弘多次劝导，恩田木工深觉这不像是一个 16 岁的人所讲的话，深为感动。不仅如此，幸弘还对臣子们说："我和恩田都很年轻，十分需要你们这些老臣的协助。"借此巧妙地用言语牵制住老臣，告诉他们要配合新政。如此"一语定江山"，正可谓组织领导者应学习的典范。

● 为信念疏远亲友

恩田木工被幸弘的话打动，决心接受重任。他将家中所有的孩子、亲属集中起来，对他们说："既然我已接受这个重任，就不能和你们在一起了，你们要做好心理准备。首先我会跟妻子和离，你可以回娘家去。然后我要跟孩子们断绝父子关系，你们也可以立刻离开家。我还要跟你们这些亲戚断绝关系，请你们体谅。最后家臣们全部解散，一个不留，你们以后想为谁效劳都是你们的自由。"

突然听到这番话，所有人都懵了。木工的亲友和部下纷纷追问："是不是您对妻子、孩子还有家臣们有什么不满？"木工回答："不是的。我对你们没有任何不满，但你们可能会妨碍我今后要做的大事，我只好和你们分别。""木工大人，您疯了吗？虽然您在本藩危难之际被委以重任，但大家并没有任何过失，您又何必与妻子和离，与孩子和亲属断绝关系，遣散家臣？难道您以后想孑然一身吗？真是太疯狂了。"所有人都愤怒地表示不解。

恩田木工坦言相告："我不想找什么借口。不必多言，我已经决定和你们分开。我下定决心，今后无论发生任何事都绝不撒谎。我将向藩内外公布这一决定。但是，我身边最亲近的妻子、孩子、亲属、家臣，但凡说了一句谎言，人们一定会说：'你看看，恩田木工跟以前那些高官一样，不值得相信。'为了改革，我不得不忍常人所不能忍，与你们断绝关系。以后，我每天只吃米饭酱汤，身上也只穿旧衣，等旧衣穿破，便会穿粗布衣裳。我决定过这样的生活，但你们能过这样的日子吗？你们必定忍不住撒一些小谎，偷偷吃美味佳肴，也必定不甘心只穿粗布衣裳。正因为如此，我要和你们分开。"

听了他的话，恩田夫人忙道："我也可以这么做，请您不要与我和离。"孩子也说："我绝对不撒谎，也愿意吃米饭酱汤过日子，请不要与我断绝父子关系。"亲属和家臣们同样纷纷表示："情愿只吃米饭酱汤，不要报酬。"木工听了，方才回心转意，与妻子、孩子、亲属、家臣们约定"绝不撒谎"，依旧把他们留在身边。

不仅如此，恩田木工还将城中百姓召集起来，对他们说："我承诺绝不撒谎。还没缴纳的赋税一笔勾销，藩里要求提前缴纳的赋税，我也会全部取消。今后，不会再让你们提前缴税，所以请你们按月缴纳，藩里绝不再提更多的要求。而且，我不会派人追缴赋税，你们也无需款待来催缴的人。除了最低限度的土木工事外，你们无需从事免费的徭役。"

如此这般，恩田木工接连果断地推行改革。领地的属民纷纷许诺，只要恩田木工一言九鼎，他们也会遵守诺言。后来，赋税被顺利收缴，人们无需贿赂官员，也不再被迫从事毫无意义的土木工事，松代藩的新政使藩中财政健康发展。"绝对不说谎"就是恩田木工的信念。凭借这一信念，他赢得了属民的绝对信任，在全藩努力推行新政，取得了卓越成就。由此，我们可以明白信念的力量及其重要性。

● 信念令人产生魅力，敲开成功的大门

人的信念迥然而异。恩田木工将"绝不说谎"作为信念，战国时期名将毛利元就将"百万一心"，松下幸之助将"以为人本"，本田宗一郎将"绝不麻烦别人"，还有史蒂夫·乔布斯将"饥渴求知，虚怀若愚"当作自身的信念。信念能对众人产生吸引力，是获得他人信任必不可少的条件。无论面对任何情况，面临多大困难，只要能为信念不懈付出，成功之门便会向你开启。

● 带着信念工作

学生时代，我曾邀请某石油企业的社长参加一场演讲会。记得当时社长的演讲主题是"怀抱志向"，令我感动的是，会后石油企业负责人事的高管为我们举办了慰劳会。这是我有生以来第一次在神乐坂参加有艺伎表演的宴会，因此十分紧张，不过这是题外话了。当时那位高管一边喝酒一边说："啊，再过两个月我就要辞职了。"

这话令我大吃一惊，只听他表情淡然地说："这一年我负责裁员的工作，劝退了不少员工，真的十分难过，所以我

打算辞职。尽管社长极力挽留，但我心意已决。"

"啊?! 您不辞职不行吗? 社长都出言挽留您了。"我有些不解。

他说："不行不行。不管社长再怎么挽留，我'砍'了那么多心爱的员工的'脑袋'，自己却留下来若无其事地拿俸禄，这太可耻了。若是放在古代，既然要不得已砍掉员工的脑袋，我就应该剖腹自尽，否则愧对他们。我非常喜欢清水次郎长的话。"

他猝不及防地提到清水次郎长，我至今仍然印象深刻。

"清水次郎长常说：'下属不能为我而死，但我可以为下属而死。'我在社长手下从事人事工作，一直将清水次郎长的这句话奉为圭臬。大概是这个原因，就连那些我辞退的员工也劝我不要辞职。但我要坚守自己的信念，还是决定两个月后辞职。"

那是我第一次听到清水次郎长的那句话。后来我专门查阅资料，看到一个小故事。山冈铁舟曾问清水次郎长："有多少下属能为你牺牲?"他不假思索地回答："一个都没有。"紧接着说，"但是，为了下属我可以随时牺牲。为下属付出生命，对我来说是轻而易举的事。"从那以后，我常在演讲或写书时提到这个故事，而契机就是这家石油企业的人事高管对我说的话。那位高管说这番话的目的并非想告诉我们他两个月后要辞职，他想传达的是："在工作中持有信念，这非常重要；坚守信念也很重要，这是做人做事的关键。今后，你们会就业，踏入社会，请务必将这一点铭记在心。"工作多年后，我才开始明白他这番教导的深刻意义。后来我和那位离职的高管再无音信往来，不知道他怎么样了，但是他教会了我"做人的美学"，我至今对他心怀感激。我想我之所以成为今天的我，也有这位高管的功劳。

● 信念是为了走出自己的道路

做事缺乏信念，人生缺乏信念，这样的人做起事来势必三心二意，左右摇摆。左右摇摆的人是不可能被委以重任的。这样的人，一旦形势发生变化，言行便会变得前后不一，自然不可能赢得大多数人的信赖。

伊索寓言中有一则《卖驴的父子俩》的故事。两父子去市场赶集，打算卖掉自家的驴。他们俩牵着驴上路，路人见了说："你们真笨，明明有驴不骑，还要牵着走，真是浪费。"父子俩觉得路人说得有道理，于是父亲让孩子骑上了驴。过了一会儿，又有一个路人看见他们俩，说："年轻人身体壮实，却贪图安逸，让父亲步行，真过分。""嗯，似乎很有道理。"于是，这次换作父亲骑驴，让孩子牵着驴走。又一个路人看到了，说："你真是个坏父亲，只顾自己享受，让孩子走路，你们可以一起骑嘛。"父子俩又觉得对方的话很有道理，于是两人一起骑上驴背。过了不一会儿，经过的路人说："你们俩一起骑驴，驴太可怜了。你们这对父子太残忍，应该让这头驴轻松些。"听了路人的话，父子俩只好将驴的四条腿两两相缚，倒挂在一根棍子上，两人就像抬猎物般一起抬着驴走。当父子俩走到一座桥上时，驴子突然发狂挣扎，结果掉下河被冲走了。最后，父子两人吃尽苦头，却一文钱也没挣到。一个人若是左右摇摆，就会落得这样的下场。

若一个人心中缺乏坚定的信念，就无法笔直地前进。他总会被他人的观点左右，不论工作还是生活，都摇摆不定，踟蹰不前。听取别人的意见或想法固然十分重要，但是必须比照自身的想法，对别人的意见仔细咀嚼思考，灵活对待。假如只知照搬他人意见，自己缺乏信念，囫囵吞枣般接受他人的想法，那么，"驴子就会从桥上掉进河里冲走"，我们应该将这一点牢记在心。持有信念，坚守信念，这就是工作的基本规则，请务必将这一点铭记在心里。你一定将切身体会此非虚言。

十八、
模仿、学习、形成特性

● **人人都靠模仿成长**

人们常常强调学习的重要性。我认为，学习应该从模仿前辈或前人开始，因为但凡是人，就不可能从一开始就拥有独创的东西。比如小孩学说话——孩子听父母对他讲话，或者听周围成年人的谈话，开始模仿，慢慢学习说话。正因为这个原因，日本的小孩说日语，英国的小孩讲英语。直立行走也是从模仿开始的。直立行走绝非人类的天赋。1920 年印度西孟加拉邦发现两名幼年时被父母抛弃的少女，她们被狼养大。这个事件被最先发现她们的牧师记录了下来，在社会上引发了巨大的争议。从相片上来看，两个女孩被发现时四肢着地，靠爬行移动，可见幼儿也是在模仿周围的成年人后，才学会站立和行走的。婴幼儿时期，孩子不断模仿父母或身边成年人的言行举止，以后才开始有了自我的主张。

一言以蔽之，人类的言行最初都是从模仿开始的。在模仿的过程中，人们会学到各种各样的东西。

● 一开始模仿资深同事或上司

据说，"学习"是从"模仿"一词转化而来的，在这方面有许多说法。还有人这么解释："模仿"是从"学习"一词而来的。"学"一字代表"真诚""诚实""真实"，有"与事实相似""诚实理解"的意思。这些说法孰对孰错不是问题的关键。但若不从模仿开始，学习就无法取得巨大的成就，这是不争的事实。顺便说一句，有人考证，日文"习"的词源原本为"并列"。我不是语言学专家，不知道这个观点是否正确，但当看到"习"的语义是"使自己的水平与传授者相当"时，立刻就有了一种恍然大悟的感觉。

如果去参观卢浮宫美术馆，你就会看到馆中四处都有绘画练习者在临摹名画，当然，他们的行为都是得到美术馆许可的。书法亦然。古往今来，学习书法的人大都临摹中国东晋时期著名书法家王羲之的字。一位著名的国际建筑设计师在年轻时，看到任何图画都立刻临摹下来。如今，每当他受邀设计建筑时，也总是先照图纸制作出建筑模型，然后思考这里是否应该这样、那里是否应该那样改一改，在反复修改的过程中，创造出具有独特风格的建筑。他现在拥有的成就是从起初看见什么就临摹什么开始的。

在工作中，我们可以有个人的思考，但在起始阶段，最好还是从模仿资深同事或上司开始。**先不要急于提出个人的想法，而是试着模仿资深前辈或上司的做法或方法。**当然，若是有违反道德规则的行为，我们绝对不该模仿，但是，至少在20来岁时，应该按照资深同事或上司的指导来行动，模仿他们，这一点十分重要。

前些日子，我和以前同届进公司的朋友闲聊。他谈到自己最初受到上司许多影响，至今仍然心存感谢。他的第一位上司每当开会时，必定将所有人的意见或观点一条条罗列在白板上；每当讲述工作计划时，他都会唰地画上一条横线，在上面标上日期，把要做的事依次写在下面。他会让我的朋友将白板上的内容抄下来，开完会以后复印，分发给所有参会人员。"这种做法让我学到很多东西。在开会时，大伙儿当面达成共识，然后通过分发会议记录的形式进行二次确认。这样就不会有人事后扯皮，也不会出现牢骚抱怨，工作就能顺利开展。后来，不论我负责哪个部门，担任科长还是部长，开会时都采用这个方法，工作一直进行得十分顺利。最近我在各地演讲，有时也一边板书一边讲话，这同样是受那位领导的影响。"朋友笑道。

● 30 岁开始从"模仿"转向"学习"

但是，倘若一直模仿，势必无法成长。因此，到了 30 岁，你就应该开始用心"学习"，这非常重要。所谓"学习"，就是以 20 来岁时模仿习得的东西为基础，加上自身思考或想法，反复推敲斟酌，然后按照自己的理解改善。如果一辈子都在模仿上司或资深同事，人就会止步于基础阶段，无法成为具备更高才干的人才，更不可能超越上司或资深同事。因此 30 岁以后，必须在模仿的基础上添加自己的理解和创意，这种创新精神十分必要。

有一种经营手法叫作"对标"（benchmarking），我想各位都有所了解。这是句最优秀的竞争对手学习产品、服务、流程或管理方式的手法。将脚放在凳子（操作台）上，画下脚的形状，然后按照画下的形状制作鞋子，这就叫对标。也有人说，之所以叫对标，是因为在工作台上画下标记，然后以标记为基准进行操作。总之，众说纷纭，不一而足。过去这么做，会被人讥讽为"照葫芦画瓢"，而现在，对标指的是若有别的企业生产出优质的畅销产品，就马上拿来研究，了解该产品的制造工艺和性能，在它的基础上添加自己的创意，努力造出更优质的产品，赶超其他企业。自从有了对标这一经营手法后，从对标开始研发产品逐渐成为企业研发的主流。

在工作中，我们不能永远模仿上司或资深同事。**到了30岁，就应该在其中加入自身的智慧。**譬如洽谈商务时，上司的做法是带几张资料，按照顺序一边翻资料一边细细地向对方讲解。"因为以上原因，请贵公司务必考虑购买"——这是上司的洽谈方式，但是，到了30岁，你就必须琢磨自己的讲解方法。即使讲解内容一模一样，你也要有自己的方式。譬如，你可以从第一页开始讲述结论："从结论说，我们希望贵公司采用这件产品"，然后才说"这是因为……"，清晰地解释具体理由。上司的讲解一般为30分钟，你的讲解15分钟便可以结束，而且你还用心设计，以求给对方留下深刻的印象。类似这般发挥个人特有的创意，加入自己的智慧，就是学习的意义所在。

● **40岁开始塑造个人特色**

模仿、学习，仅凭这些是无法成为职场达人的。倘若无法形成个人独特的工作方式、管理方法，你就无法成为"你"。如何凭借模仿、学习塑造个人特色——尽管这是40岁之后的任务，但你必须在心中做好打算。如果没有这种意识，个人特色是不可能在40岁时凭空出现的。

"守破离"这个说法，想必各位有所耳闻。有人说这句话来自世阿弥的《风姿花传》，其实并非如此。《风姿花传》中写的是"序破急"。"序破急"在雅乐、能乐、净琉璃中各有不同的解释。比如，艺术表演的节奏分三个部分，"序"是慢，"破"是中，"急"是快。也有人说，"序破急"代表了起承转折。"序"是起、承，"破"是转，而"急"便是折。

　　这姑且放在一边，让我们来看看"守破离"。有人告诉我这句话出自江户中期的茶道师川上不白的著作《不白笔记》。我想，这个说法大抵是有根据的。学过茶道的人都知道，一开始学茶道时，必须按照老师的教导反复练习。拿放茶碗、圆筒、竹刷、茶巾、茶勺的方式，喝茶的动作……学习者必须一次又一次重复这些基本动作，直到形成习惯。然后加上自己的动作，并逐渐变得自然。最后，茶道师在拥有扎实基本功的基础上，形成自身特有的风格，看起来就像没学过基本动作一般。此时的茶道师，宛若对茶道规矩一无所知，但其一举一动优雅自然。这个过程就是"守破离"。

　　过去，我和一位被奉为茶道泰斗的大师去拜访某位茶道流派的掌门。在会见掌门前，我们被让到立式点茶的座位上（即在茶道举行前坐在椅子上），对方奉上清茶。茶道大师拿起茶碗喝茶，动作丝毫不带茶道功底的痕迹，却如行云流水，令人惊叹不已。"不愧是大师啊！"回家路上，我在车中赞叹，那位茶道大师却说："没什么了不起的，不必将茶道想得太复杂，享受它就好。"这句话我至今记忆犹新。

据说抽象画的创始人是俄罗斯画家康定斯基，但一提起抽象画，就不得不提毕加索，他创作了《格尔尼卡》《哭泣的女人》等名画。看了毕加索的抽象画，有人或许认为"这样的画我也能画"，但是这种想法实在是浅薄之极。看看毕加索的初期作品就知道，他初期的画风非常写实。如今我们所见的他的抽象画，是经历过那个青涩时期后才诞生的。这就是典型的"守——破——离"。毕加索先掌握基础，在打好基础的前提下，经历青涩时期，最后才创造出具有强烈个人风格的抽象画。他的画风如此独特，以致其作品即便被放在众多抽象派画家的作品当中也能被一眼认出。

通过"守破离"，即"模仿、学习、形成特性"这一过程，才能成为超一流的人物。在工作中，道理也完全相同。20来岁时，你一无所知，所以要模仿基本动作，将其完全消化吸收，变成自己的东西。30来岁时，你通过学习新的方式方法或其他行业的做法，不断改进，锤炼自身能力。到了 40 岁，是时候创造属于你自己的、独一无二的工作方法了。祝愿你也能把握这个工作的基本规则，成为职场达人。

十九、
和 昨 天 的 自 己 比 较

● **和别人比较难有成果**

在意别人的表现，这是人之常情。我们常常羡慕别人："他比我有能力，我怎么都无法胜过他。""她好像很受店长器重，和她比起来，我不受重视。""他工作偷奸耍滑，却得到领导表扬，简直不敢相信，气死人了。"又或者暗暗窃喜："他抱怨工作不顺，似乎很烦恼。既然如此，干脆辞职好了。""啊？听说客户投诉了，经理很生气。有意思，接下来会怎样呢？"有时甚至会幸灾乐祸。就像这样，人们无时无刻不在意周围的人，无时无刻不在意同届员工或身边同事的行为。和同届员工、同事、伙伴比较，的确容易让人产生自卑感。或者正好相反，令人沉浸在莫名的优越感之中。但是自卑感也好，优越感也罢，其本质无非是嫉妒。你应当知道，嫉妒会不断地腐蚀人心。

当然，嫉妒并非一无是处。没有丝毫嫉妒之心的人往往缺乏上进心和成长的意愿。但是嫉妒应当适可而止。松下幸之助先生曾说过这样的名言："嫉妒要恰如其分，就像烧烤，只能烤到恰好焦黄的程度。"的确如此，人可以嫉妒，但不能过度。要知道，把东西烧得焦黑的嫉妒心，最后很有可能也会把自己烧得黑乎乎的。像这种连自己也焚烧殆尽的嫉妒，不是有志成为职场达人的人应该有的。

嫉妒，来自与同届员工、同事及身边人的比较。请试想一下，**嫉妒的人心中从没有"自己"，从来不审视"自己"。**他们从不自我反省，而是处处和别人比较，沉溺在愚蠢的自卑感或优越感之中，从不思考如何让自己成长。这样的人不可能在工作中取得成功。

● 只有忘掉别人，和自我搏斗，才能成长

有这么一个故事。有 400 人同时进入一家公司，其中一人幸运地引起了社长的注意。他并没有什么特殊的才干，但工作非常热心，充满热情，十分努力。只要是社长交代的工作，不论白天黑夜，他都迅速处理。正因为如此，社长动不动将他叫来，不停地将工作交给他。不仅如此，他虽然年纪轻轻，只有 36 岁，社长却将最重要的工作也交给他。他更加努力，夜以继日地经营，业绩有了显著提升，做出了令人

惊讶的成绩。这样的他难免遭到同届员工的嫉妒，有人时不时给他下绊子。他感到迷茫，社长却表示对他绝对支持。于是他坚定信念，取得了事业成功。

当时，我听他说了这么一番话。"我满脑子想的是如何将社长托付的工作做得更好，同届的人和其他同事说什么，周围的人怎么中伤我，都不在我的考虑范围之内。我根本不在意他们。我唯一的念头是怎么凭自己的信念和努力做出成绩，超越社长的期望。"他说道，随即又补充了一句："我的对手不是别人，而是自己。别人如何是别人的事。我坚持信念，和自己战斗，为了自身成长而力求战胜自我。今后我将继续以这种心态来工作。"听了他的话，我再次深深感到处处和他人比较的心态有多么愚蠢，这是失败者的活法。

别人不会对你的人生负责。你才是你人生的负责人。既然如此，**你就必须对自身成长负起责任，而不是处处和别人比较**。正如这位员工所说："我的对手不是别人，而是自己。"唯有如此，才能实现个人成长。总而言之，"和昨天的自己比较"很重要。为了自我成长，你可以参考别人的做法，但不必和别人争斗。你应该牢牢记住，别人是胜是负与你无关。

● 每日进步一点点，成为与昨天不同的自己

有句话叫作"日日新"。各位或许对这句话不太熟悉。它出自《大学》，以"仁政德馨"著称的中国殷朝开国之主商汤在常用的洗面盆中刻上"苟日新，日日新，又日新"，借以自勉。在工作中处处用心，践行"日日新"，这很重要。只要做到"日日新"，人就能不断邂逅崭新的自己，不断成长。

每天都问问自己和昨天有什么不同？工作方式是否和昨天不同？今天的工作是否加入了新的创意？今天的想法和昨天相比有哪些不同，是否变得更充实？像这样与昨天的自己比较，也是工作的基本规则。重复与昨天的自己比较，就是不断向职场达人靠近的方法。

以前，在某家美国杂志上刊登过一个笑话。感恩节，一对夫妇在家中烹制烤火鸡。丈夫看见妻子将火鸡靠屁股的部分一刀切下来，然后才将火鸡放进烤炉里。丈夫觉得奇怪极了，明明可以将整只火鸡放进烤炉，为何要这么浪费呢？于是他去问妻子。妻子说："这是妈妈教我的。"这仍然不能解答丈夫的疑问，于是他致电丈母娘。简单的寒暄之后，他问："冒昧地问一下……"然后说出了心中的疑问。丈母娘听了回答："哦，这是我妈妈教我的。"于是丈夫给妻子的外

婆打了电话。一问，老人家吃了一惊："什么？她们太傻了。那是因为我的烤炉很小，放不下一只整鸡。你家的烤炉那么大，完全可以将整只鸡放进去。"这虽是个笑话，却充分地说明了问题，我们不能对它一笑置之。我们的生活不就常常过成这样吗？昨天和前天过得一模一样，今天和昨天相比也无丝毫改变。

● **一模一样的事无论做多少遍，人也不会成长**

还有一个真实的故事。一位社长的专利产品大获好评，销量顺利增长，制造该产品的工厂也全面运转，投入生产。差不多两年后，一直忙于工作而无暇视察工厂的社长来到工厂。因为是临时视察，厂长有些慌乱，但仍然带着社长巡视工厂。厂长一边带路，一边不停地说："社长，还是您厉害。您的专利产品至今仍然畅销，佩服佩服。"说完拿起产品递给社长。社长一看产品，表情立刻阴沉下来，随即勃然大怒。"你这两年都在干什么！你是怎么做这个产品的？它与我最初的设计相比没有丝毫改变，和原来一模一样！这个产品上哪里有你的影子?! 这两年，你的想法到底体现在哪里?"社长生气是理所当然的。"日日新"，每个人只有发挥创意，使自己和昨日有所不同，才能获得成长。社长生气的不是产品没有变化，而是那位厂长并没有和昨日的自己竞争比较，止步不前，完全没有成长。我想，这才是社长火冒三丈的原因。

每天都是那个相同的"我"，没有丝毫改变，这样人是得不到成长的。**总而言之，不要在乎别人，不必和别人比较，也不必与别人争斗，更不必嫉妒。处处与别人比较的人生，只会变得难熬而漫长。**若要竞争比较，就和昨天的自己比，这样才能成长。树立这种心态非常重要。只有做到每天不断提升，才能成为自己和别人都认可的职场达人。请务必将这一点牢记在心。和昨天的自己竞争比较，就是工作的基本规则。

二十、
人生没有失败

● **人生就是时雨时晴**

　　没有人一开始就愿意失败，更不可能希望失败，正因为如此，才有人努力拼搏。虽然人人都不想失败，一心一意地追求成功，但是大多数时候我们都会遭遇失败。根据我个人的切身体会，人生的尝试十次有九次都会失败，甚至一百次当中只有一次能成功。成功就是如此艰难。人常道"人生有巅峰也有谷底"，而事实上，"谷底谷底谷底，巅峰，谷底谷底"的说法更接近现实。

　　我的观点是，即便在工作中遭受挫折，失败连连，也不必太放在心上。"人生时雨时晴"，用这种心态面对一定没错。既然连续失败是常态，那么"人生没有失败"又是什么意思呢？是不是有什么方法能让失败次数变成零？这种魔法一般的方法真的存在。那就是去思考用怎样的思维方式或方法消灭失败，即充分利用失败。换言之，最终将失败转化为成功的机会。一个成功，来自对一个或多个失败的审视、反省、研究和添加新的智慧。只要最终取得了成功或令人满意的成绩，那么之前的失败就不算失败，难道不是吗？因为最后的成功全是这些失败的功劳。既然成功来自失败，那么对于成功而言，失败就是必要的。不妨这样理解，**在成功或成就事业的刹那，失败便烟消云散。失败只是通往成功道路上的一个里程碑。**

● 没有失败，就没有成功

众所周知，许多伟大的成功者最初都经历了所谓的失败和挫折。微软的比尔·盖茨在读大学时研发的"Trafo-Data8008"样机在展示会上曾由于机器故障，导致致命的失败。苹果的史蒂夫·乔布斯最初销售的电脑价格高达一万美金，而且体积庞大、设计蠢笨，根本卖不动。电影导演史蒂芬·斯皮尔伯格曾因学习障碍遭到歧视，三度被大学拒之门外，后来虽然进了大学，但最终还是辍学了。华特·迪士尼被从业的报社解雇，随后创业，但连续三次破产。肯德基的创始人哈兰·山德士曾辗转从事四十多份工作，甚至因事业失败而患上抑郁症。后来，他开始经营餐厅，又惨遭火灾，为了东山再起，不得不背负巨额债务。他曾经为了推销炸鸡配方跑遍整个美国，被拒绝多达上千次。

而在日本的伟大成功者中，大多数在收获成功硕果之前，都遭受过重重波折或多次失败。不，应该说，越是伟大的人，遭受的失败和挫折越多，但是，他们最终取得了无与伦比的成就，受到全世界人们的尊敬和崇拜，赢得了高度评价。我们将他们称为成功者或伟大的人，原因之一就是即便他们在成功前遭受无数次失败，也绝不会说自己是失败者。他们潜意识里会认为，正因为有了前面那些挫折和失败，才能看到成功的曙光。总而言之，没有失败，就没有成功。

● 失败是常态，成功是意外

是的，失败了也没关系，遭到挫折也不要紧，只要它们能成为成功的养分。如果能为成功提供养分，失败便不是失败，因为人们眼中的失败，其实已经变为成功的前奏。倘若不能从失败中吸收养分，下一次还会失败。又或者，一遭遇失败便灰心丧气，一落败便放弃人生，如果这样，失败将一直持续。因此，若想在工作中做出成绩，成为职场达人，**就必须不断以失败为起点，争取下一次成功。**

失败是成功的前奏——如果能够这样理解，那么不论工作还是人生，均可视为没有失败。可以说人生由99％的失败和1％的成功造就，也可以说失败是常态，成功才是意外。

● 人生就像戒指，有时璀璨耀目，有时黯淡无光

曾经有位哲学家将人生比作"永远轮回的戒指"。他说："人生宛如戒指。我们沿着戒指不断前行。"在他看来，人生有时如钻石般璀璨夺目，但是总有黯淡无光的惨淡时刻，而那就是沿着漫长的指圈步行的过程，只是这一过程往往被人们忘却。钻石的旁边，伴随着困难与失败，我们必须认同。如若对挫折失败不能全然接受，就不能称其为人生。对那些令人厌恶的、难以忍受的事，对待失败，我们不应无奈被动地接受，而应主动追寻它们的踪影。也就是说，不要否定失败，逃避失败，重要的是让失败为成功奠定基础。否则，"戒指"就不会存在，人生也将因此失去本身具有的意义。尽管如此，我们在刚刚工作时，不能带着"反正都会失败"的想法，而要以"必须成功"的决心和热情投身到工作中，哪怕这样做仍然不免失败。

● 在失败中找到成功的方法

要正视失败。失败令人不快，所以人们尽可能逃避思考

或正视它，乃是人之常情。但是这样一来，人就永远不会迈出下一步，更不可能知道为了成功应该采取何种对策和行动。如若我们能正视令人厌恶的、难以忍受的失败，那么大多数情况下都能发现失败的原因。如此一来，接下来就知道应该采取什么对策，做什么准备。有时候，即便知道原因所在，但单凭一个人的力量，不论怎么思考，也难以想出万全之策或拥有足够的自信。这时不妨请教众人，借助他人的智慧，甚至直接请求别人出手相助。

人生不会因为失败而终结。因为有亲身经历，我才敢如此断言。我经历过无数失败，在此无法一一尽述。有的失败甚至给身边许多人惹来麻烦。但是我总是有强烈的感觉，"即便走进死胡同，也不钻牛角尖" "失败是成功的开始" "从失败中必然能找到成功的方法"，因此一直努力工作，过好人生，直至今日。正因为如此，我才能斩钉截铁地告诉各位这个道理：人生没有失败。只要将失败当作成功的起点，那么失败也将成为成功的一部分。如果想稳健地登上职业阶梯，就必须对工作持有"人生没有失败"这一信念。这便是职场达人的做法。只有秉着人生没有失败的思想活着，你才能成为人生赢家。

二十一、
做事精明

● **"做事精明"中包含"既快又好"的含义**

做工作要讲求效率。要又快又干脆地完成上司交代的任务，得出超过上司预期的结果并及时汇报。在工作中精明干练，就是工作的基本规则。用这种方式工作的人可谓职场达人。

一个人很精明，或许会给人一种善于钻营的印象。人们有时会说："那家伙很精明，所以能爬上那个位置。""他在领导面前八面玲珑，十分精明。""那个人在工作上投机取巧，看似精明，其实滑头得很。""精明"似乎总是被用于负面评价，但其实，"精明"的本意是善于把握要点，或善于掌握处理事务的条理或关键。"精明"，在辞典中解作"善于抓住要领，做事精干聪明"，原本是一个褒义词，后来却逐渐演变成"八面玲珑，华而不实"之类负面的含义。我个人认为这是那些"不精明"的人对"精明"之人的偏见与妒忌。"做事精明"，指的就是将工作做得既快又好，做出上司期待的，不，应该是超越上司期待的成果。

● 争取支持，做事快而利落

在这里，有一个大家耳熟能详的故事。

这个故事就是木下藤吉郎（后来的丰臣秀吉）的"墨俣一夜城物语"。在本书第 94 页我也写过，秀吉起初是织田信长身边的杂役。但是在信长攻占美浓（岐阜县）时，他已经平步青云，当上军官。在秀吉和信长的信臣丹羽长秀的积极部署下，信长军对美浓的进攻势如破竹，美浓大部分地区已经划入信长的势力范围。为了占领剩余的西美浓，信长计划在墨俣（岐阜县大垣市）筑造城堡，打算以此为据点，占领美浓全境。

但是，墨俣地处信长军与美浓领主斋藤龙兴之间的狭长地带，筑城势必遭到敌军滋扰。信长将筑城重任交给身边的得力大将，可惜不论是谁，只要城堡接近竣工，便会遭到斋藤军的攻击、破坏，始终无法完工。信长正在踌躇让谁继续承担这个重任时，秀吉自告奋勇，接下了这个任务。诸将领对筑城之事束手无策。虽然不知道是否宣之于口，但大多数武将的反应是："这么艰难的任务，像'猴子'一样的这个家伙不可能完成。他只是在哗众取宠而已。"但是秀吉几近完美地完成了任务，而且干得既快又利落。

在侍奉信长之前，秀吉曾在尾张（爱知县）地区辗转漂泊。据说，当时他曾在美浓野武士头子蜂须贺小六手下待过。野武士就像雇佣兵，不属于任何阵营，但可以接受任何一方的雇佣，或自告奋勇协助一方战斗。战斗结束后，野武士们捡拾遗弃在战场上的武器，或者从尸体上扒下盔甲、兵器等装备，拿去卖钱谋利。他们通常行为粗俗，贪得无厌，是一群鸡鸣狗盗之徒。秀吉去拜访野武士头子小六，向他讲述了自己的计划，请他助自己一臂之力。他的计划就是在另一地建造城堡，然后将完成的城堡拆散，把建材送进墨俣，再一口气将城堡建成。这实在是一个精明的计划。

这种施工方式如今叫作预制装配法。不仅如此，秀吉许诺，假如计划成功，不但重金酬谢，还让小六等头目在织田家做官。凭着这两个承诺，他取得了小六率领的野武士集团的支持。用这个办法，秀吉在一夜之间建起了墨俣城——这个说法夸张了一些，实际上他用了七天完成了筑城的任务。

斋藤军万万没料到敌人能在这么短的时间之内在墨俣筑起城堡，还以为对方跟以往一样，需要花很长时间，于是掉以轻心，打算等对方差不多完工时再攻击，谁知城堡转眼间便建好了。斋藤军这才发现大事不妙，于是慌忙发动进攻，然而为时已晚。斋藤军大败，信长取得了该战役的胜利，一举拿下斋藤龙兴的大本营稻叶山城（后来由信长改名为岐阜城），将美浓全境收入版图之内。可以说，秀吉后来的发迹正是从墨俣城的成功开始的。

● **做事精明的人给人从容不迫的感觉**

秀吉的"墨俣一夜城物语"正是做事精明的绝佳案例。做事精明，具体来说就是：

一、善于掌握做事的先后次序，并视实际情况灵活穿插调配。

二、工作麻利。

三、发挥钻研创新的精神，思考全新的工作方法。

四、在处理手头工作的同时，思考下一个工作的计划。

五、不时寻求他人的协助，尤其在前面几点上。

六、合理安排工作，做到从容不迫，游刃有余。

只要做到这几点，你在工作中便会给人既快又利落的印象，被周围的人看作精干的职场达人。

● 不断思考，求新创新

工作总是蜂拥而至，你就好比一位检票员，必须让这些"乘客"（工作）一个接一个地通过检票闸口。因此你不得不思考，应该让哪个人优先通过，哪个人可以稍微等一等。但是即便安排好顺序，也常常突然出现急客。这时，就不能教条地依照既有顺序，而应灵活变通，马上让他插进队伍，好让他赶上火车。不仅如此，你还必须时刻思考，怎样才能让乘客尽快通过检票闸口。

说个题外话，有一位铁道公司的高管曾笑着说，现在的年轻一代大概已经没有"剪票"这个概念了。的确，现在的车站检票闸已经全部自动化，使用西瓜卡、Kitaca、ICOCA、PiTaPa 等 IC 卡，即可瞬间通过。可是，在 20 年前，检票真的就是剪票，每个检票口都有检票员，他们用特制的剪票钳在乘客的车票上剪下一个小口。这种传统的检票方式效率较低，如今，不用一秒，乘客便能通过闸口。同样道理，你也必须意识到提高乘客（工作）通过速度的重要性。丰臣秀吉想出预制装配法，铁道公司发明用 IC 卡通过车站闸口的设备，你要像他们一样，不因循守旧，不断钻研创新，研究新的工作方法。

以前都是制作书面资料发给一个个部门，如今用邮件一次性全发；会议总是拖沓冗长，以后把会议时间限制在一小时之内，要么干脆站着开会；以前在办公桌上设置已结清与未结清文件夹，今后取消这些文件夹，所有账目都要求大家即时结清……诸如此类，工作对我们提出开动脑筋，提高效率的要求。

● 预先思考下一个工作计划

若想在工作中做到精明能干，就要明白预先思考下一个工作计划的重要性。一边集中精力做好手头工作，一边思考下一个工作应该如何安排或下一步应该抓住哪个重点。或许有人认为同一时间只能集中精力做好一件事，没有余力进行更多思考，但据我个人的经验，其实不然。在完成手头工作的过程中，往往会冷不丁地出现下一个工作的灵感。只要时刻思考下一步，就很可能在休息时灵光一现，比如"对啊！要做好下一件事，需要先确认这一点"或"下面可以这么去做"。

如果不喜欢或做不到一心多用，至少可以在手头工作告一段落，晚上入睡前或第二天清晨苏醒时，思考一下接下来的工作，这想必人人都能做到。换言之，手里做着一件事的同时，抽空思考下一个工作，只要这么做，便可能得到启发，自然而然地形成下一个行动计划。这么一来，手头的工作一旦完成，就能迅速开展下一个，这就是精明的做事方式。为此，我们应该勤做笔记，想到任何点子就立刻记下来，哪怕记在便签纸或破纸头上也好，这十分重要。做完一件事后，才开始思考接下来怎么办，从哪里着手或制定什么计划，工作效率就会变低。若想做事精明干练，我们必须意识到提前做好计划的重要性，这正是工作的基本规则。

● **尽情借助他人之力**

另外，巧妙借助他人的力量与智慧，可谓做事精明的必要条件。上司交代给你一件工作，你欣然接下，但是仅靠你一个人的力量或许难以完成。这时你应该去寻求帮助，请有能力的人助你一臂之力，或请他帮忙出谋划策，那么你就能迅速高效地完成工作。

丰臣秀吉向蜂须贺小六求助，就是一个极好的参考案例。假如秀吉独自筑墨俣城，未必不能完成，但势必需要相当长的时间，而且筑城过程中势必会遭到斋藤军的攻击，重蹈前几任将领的覆辙。

每当从上司那里接到任务或从事自己的工作时，应该先独立思考，看看是否需要什么人的帮助或支持，如果需要，应尽快提出请求，因为既快又利落地完成任务，正是做事精明的表现。为此，平常需要重视人与人之间的关系，建立人脉。当然，我们必须不断提高知识水平，努力充实自己，但一个人的能力终究是有限的。平时注意观察"某人具备哪种能力""某人具备哪方面的知识"，并注意建立与他们之间的联系，正是成为职场达人的诀窍。

● 磨炼个人魅力，吸引他人

要想他人毫不犹豫地为你出力或贡献智慧，你的人格魅力极为关键。不论拥有多少"人脉"，如果在关键时刻无法派上用场，那不过是虚假的人脉。在你需要支持和帮助时，在你需要借助对方智慧时，有名无实的人脉不会提供任何帮助。由此可见，平日你需要勤于磨砺自我，修炼人格魅力，使他人被你吸引，对你产生好感。无论如何，做事精明是工作的基本规则。只要能够既快又好、从容淡定、举重若轻地完成工作，你便能赢得他人的高度评价，成为"能干的人"。请务必成为做事精明的职场达人。

二十二、
从"尊重人"想到的

● 对"人"的看法是工作的关键

"每个人都是伟大的。"这个说法或许看似狂妄自大，但是只要正视现实，就可以得出这样的结论。具体地说，就是"人类顺应宇宙发展，拥有支配世间万物的力量"，可以说人类正处于这样的位置。当然，这么解释或许更让人感到不可一世了。

最近，电视上正在播放一个牛排广告。广告中特意展示了牛的图像，在牛身上标示记号，展示该品牌的牛排用的是哪个部位的肉，然后画面一转，一位美丽女子正笑盈盈地吃着牛排。人类为了满足口腹之欲，饲养牛、猪等家畜，然后将它们宰杀、吃掉。人们不认为这是罪恶，非但如此，还致力于研究如何培育出肉质更鲜美的家畜。

如果一大早驾驶汽车奔驰于北海道的公路，我们会时不时发现路上倒着喜爱夜间活动的北狐的尸体，它们是在夜间被车碾死的。然而不会有任何电视台报道："今天早上，女满别国道上有北狐被车撞死，如今正在搜寻肇事者。"可是一旦有人类死亡，不论是故意杀人还是事故致死，都会被媒体大肆报道，犯人被逮捕后，也会被宣判死刑。

这是为什么？为了成为卓越的职场人士，你需要认真思考这个问题。

因为你是"人"，你在由"人"组成的企业中活动，生活在人类社会中。因此，如果没有对"人"的看法，没有属于自己的"人类观"，那么你如何与人打交道，如何面对人，用何种心态与人接触，如何团结人……在这些问题上，你的心将飘浮不定，感到迷茫彷徨。如此一来，又怎能成为真正的人生赢家呢？这就好比牧羊人不熟悉羊的本性，势必无法养好羊。牧羊人之所以能够饲养和放牧羊群，把众多的羊归拢在一起，是因为他了解羊的本性和特点。或许可以说，他之所以能养好羊，是因为有清晰的"羊观"。

● 只要意识到每个人都是伟大的，人自然会变得谦虚

或许你从未思考过这个问题，只是随波逐流，认为人类是渺小的、卑劣的、罪孽深重的。如果你持有这种"人类

观"，那么在与他人打交道时，必定会有意无意地看不起人，认为身边的人都是一些庸俗的家伙。在这种思想的主导下行动，结果将如何？不论是在公司里，还是在社会上，你都会被当作自高自大、口出狂言的人，遭到指责和厌恶，甚至被"除之而后快"，更不要妄想攀登职业阶梯。

现实就像本章一开头所说的："每个人都是伟大的。""每个人都有尊严，不容他人侵犯。"只有持有这种"人类观"，你才能成为众人敬重的人。因为你对任何人都怀有一颗诚恳的心；因为你会由衷地尊重他人，虚怀若谷。因为你会对所有人一视同仁，在见到每一个人时，都会在心中合十，真诚地想："啊，这个人是伟大的，拥有与我不同的闪光之处。"

禅宗中也有类似的思想。譬如有人问："什么是玄中玄？"赵州禅师答："七中七，八中八。"意思是"如果有七个人，这七个人都是佛；同样的，如果有八个人，那么这八个人都是佛，这是禅的本质"。正如"微风出门遇释迦"中所说的，人人都是如来，人人都是释迦佛，都卓尔不凡。不论男女老少，但凡是人，本质上都拥有与生俱来的闪光之处。所以，禅宗的基本思想是"人顺应宇宙发展，为万物之长"。

● 拥有人格魅力的关键

只要充分认识到人是伟大的，自然就会尊重人。只要从尊重人这一原点出发思考、行动，你就能成为一名受人尊敬和爱戴的职业人。只要以这种心态对待每一个人，就一定能抓住身边人们的心。只要心中合十，待人真诚，对方必定会心生敬慕。只要不目空一切，说话时态度不高高在上，自然会得到周围人们的尊敬。

又或者生产一个产品时，不是一心逐利，见钱眼开，而是心存敬畏，自然不会给"伟大的"顾客提供残次品，并会以生产出不合格品为耻。一些大企业在财务上违规操作，擅自篡改数字，或生产劣质品，皆因企业经营者或管理者缺乏尊重人的"人类观"，思考问题没有从这一观点出发所致。因为他们忽略人、轻视人，以这种心态经营企业，才会产生上述问题，最终将企业带入危险境地。

"人是伟大的"这一观点绝非傲慢，相反，它能让人养成虚怀若谷、尊重他人的习惯。不仅如此，从这一人类观，即"尊重人"这一思维方式出发，还诞生出相应的责任感甚至使命感。倘若一个人认为人类渺小而人生毫无意义，他又怎能对他人怀有强烈的责任感，继而对宇宙万物产生重大的使命感？如果你能深刻理解"人是伟大的"这一思想并付诸实践，你便会在企业中成为不可多得的人才，登上职业阶梯，不仅成为职场达人，还能成为人生赢家。未来，你必能成为一个得心应手经营庞大组织的人物。衷心期待你的成功。

后记

看完本书后您感觉如何？

我想，读完拙作，想必您会发现，其实所谓的工作的基本规则并不特别，都是一些平凡的小事。没错，工作的基本规则就是做好应该做的，不做不应该做的。或换句话说，沉淀积累，做好理所应当的平凡小事。按照松下幸之助先生的话说，就是"天若下雨就打伞"，就是这么简单。

工作的基本规则还有很多很多。如果您也有同样的想法，请把它们补充在本书所写的22条之后，扎扎实实地实践，成为职场达人，让更多人满意欢喜，一步一个脚印，不断攀登职业阶梯和人生阶梯，这是我内心的祝愿。

另外，之所以写作本书，是因为日本实业出版社编辑部的安村纯先生和兰客创意伙伴（Lanker Creative Partners）株式会社的社长渡边智也先生充满关爱的鼓励。在写作过程中时常得到两位先生的指点，文思滞塞时还得到他们的鼓励，在此衷心表示感谢。

图书在版编目（CIP）数据

工作的本质：初入职场的你应该懂得的工作基本规则/（日）江口克彦著；叶瑜译. —上海：上海文化出版社，2020.5

ISBN 978－7－5535－1902－9

Ⅰ．①工… Ⅱ．①江…②叶… Ⅲ．①职业选择一通俗读物 Ⅳ．①C913.2－49

中国版本图书馆 CIP 数据核字（2020）第 043157 号

"Hatarakihajimeta kimini tsutaetai shigoto no kihon" by Katsuhiko Eguchi
Copyright © Katsuhiko Eguchi 2018
All Rights Reserved.
Original Japanese edition published by Nippon Jitsugyo Publishing Co.，Ltd.
This Simplified Chinese Language Edition is published by arrangement with Nippon Jitsugyo Publishing Co.，Ltd，through East West Culture & Media Co.，Ltd.，Tokyo
Simplified Chinese edition copyright © Shanghai Culture Publishing House，2020
ALL RIGHTS RESERVED

著作权合同登记号：图字 09－2019－441

出 版 人：姜逸青
责任编辑：任　战
责任监制：刘　学
封面设计：王　伟

书　　名：工作的本质：初入职场的你应该懂得的工作基本规则
著　　者：[日]江口克彦
译　　者：叶　瑜
出　　版：上海世纪出版集团　上海文化出版社
地　　址：上海市绍兴路7号　200020
发　　行：上海文艺出版社发行中心
　　　　　上海市绍兴路50号　200020　www.ewen.co
印　　刷：苏州市越洋印刷有限公司
开　　本：889×1194　1/32
印　　张：4.875
版　　次：2020年5月第一版　2020年5月第一次印刷
书　　号：ISBN 978－7－5535－1902－9/G.304
定　　价：35.00 元
如发现本书有印装质量问题请联系印刷厂质量科　电话：0512－68180628